노동조합 속의 사회주의자들

국립중앙도서관 출판예정도서목록(CIP)

노동조합 속의 사회주의자들 / 지은이: 알렉스 캘리니코스,
랠프 달링턴, 던컨 핼러스 ; 옮긴이: 이승민. -- 서울 : 책
갈피, 2018
    p. ;   cm

원표제: Socialists in the trade unions
원표제: Rank and file and the trade union bureaucracy
원표제: CP, the SWP and the rank and file movement
원저자명: Alex Callinicos, Ralph Darlington, Duncan Hall
as
영어 원작을 한국어로 번역
ISBN 978-89-7966-156-9 03300 : ₩10000

노동 조합[勞動組合]
사회 주의자[社會主義者]

321.57-KDC6
331.88-DDC23   CIP2018035396

노동조합 속의 사회주의자들

알렉스 캘리니코스, 랠프 달링턴, 던컨 핼러스 지음 | 이승민 옮김

책갈피

Socialists in the Trade Unions by Alex Callinicos
First published March 1995 by Bookmarks Publications
ⓒ Bookmarks Publications
Ralph Darlington, "The Rank and File and the Trade Union Bureaucracy", *International Socialism* 142(Spring 2014)
ⓒ *International Socialism*
Duncan Hallas, "The CP, the SWP and the Rank and File Movement", *International Socialism* 95(1st Series, February 1977)
ⓒ *International Socialism*

Korean translation edition ⓒ 2018 by Chaekgalpi Publishing Co.
Bookmarks와 *International Socialism*과의 협약에 따라 이 책의 한국어 판권은 책갈피 출판사에 있습니다.

노동조합 속의 사회주의자들

지은이 | 알렉스 캘리니코스, 랠프 달링턴, 던컨 핼러스
옮긴이 | 이승민
펴낸이 | 김태훈
편 집 | 이진화

펴낸곳 | 도서출판 책갈피
등록 | 1992년 2월 14일(제2014-000019호)
주소 | 서울 성동구 무학봉15길 12 2층
전화 | 02) 2265-6354
팩스 | 02) 2265-6395
이메일 | bookmarx@naver.com
홈페이지 | http://chaekgalpi.com
페이스북 | http://facebook.com/chaekgalpi

첫 번째 찍은 날 2018년 11월 10일

값 10,000원

ISBN 978-89-7966-156-9
잘못된 책은 바꿔 드립니다.

차례

옮긴이 머리말 6

1장 노동조합 속의 사회주의자들_ 알렉스 캘리니코스 11

01_ 노동조합은 이제 쓸모없는가? 12

02_ 자본주의, 노동조합, 노동조합 지도자 23

03_ 현장 조합원 운동 47

04_ 최근의 상승기: 1960년대와 1970년대 초 72

05_ 1974~1989년의 패배기 84

06_ 오늘날의 과제 94

2장 현장 조합원과 노동조합 관료_ 랠프 달링턴 108

노조 관료 / 노조 관료의 이중적인 사회적 구실 / 좌파 간부
대 우파 간부 / 현장 조합원과 노조 관료의 관계 / 노조
관료주의에 맞선 두 가지 전략 / 상충하는 긴장 이용하기 /
역사 속의 혼성체들 / '단결해 싸우자' / 결론

3장 공산당, 사회주의노동자당, 현장 조합원 운동_ 던컨 핼러스 154

'좌파'와 사회협약 / 노동조합 관료주의 / 좌파 노조 간부와
전투적 현장 조합원 / 혁명적 정당의 구실은 무엇인가?

후주 179

참고 문헌 188

옮긴이 머리말

2014년 초 내가 《마르크스주의와 노동조합 투쟁》(책갈피)을 번역해 출간했을 때, 한국의 노동자 운동은 조금씩 자신감을 회복하고 있었다. 그때와 지금은 상황이 꽤 달라졌다. 무엇보다 (노동자 투쟁이 밑거름 구실을 한) 거대한 촛불 운동이 우파 정부를 끌어내리면서 노동자들은 더 큰 자신감을 얻게 됐다.

그리고 세계경제 위기가 심상치 않다. 머지않아 이 위기의 충격파가 지금보다 더 큰 규모로 한국에 닥칠 수 있다. 세계 노동운동의 역사(그리고 길지 않은 한국 노동운동의 역사)를 보면, 이럴 때 다음과 같은 상황이 펼쳐질 것임을 알 수 있다. 우선, 자본주의 국가와 사용자는 1997년 말 IMF 위기 때처럼 노동자들을 전면적으로 공격할 것이고, 노동자들은 자신의 삶을 지키기 위해 필사적 투쟁에 나서야 할 것이다. 이런 위아래의 모순적 압력에 직면한 노조 상층 지도자들은 현장 조합원들의 불만을 대변하거나 투쟁을 이끌면서도, 자본과 노동을 모두 만족시킬 수 있는 (사실상 불가능한) 타협의 가능성을 모색하느라 자꾸만 머뭇거려 현장 조합원들과 심각한 긴장과 갈등을 빚게 될 수 있다. 노조 상층 지도자들 내부에서도 이런 압력에 어떻게 대처할지를 놓고 긴장과 갈등이 불거질 수 있다.

이런 상황이 펼쳐지면 노동조합 속에서 활동하는 사회주의자들의 구실이 매우 중요해질 것이다. 사회주의자들의 노동조합 활동 경험을 담은 책을 한 권 더 번역해 펴내는 이유다. 《마르크스주의와 노동조합 투쟁》이 20세기 전반부까지의 경험을 다뤘다면, 이 책 《노동조합 속의 사회주의자들》은 20세기 전체와 최근의 새로운 경험과 고민, 시도까지 다룬다는 점에서 매우 유용하다. 이 책은 세 편의 글로 이뤄져 있다.

1장 "노동조합 속의 사회주의자들"(알렉스 캘리니코스, 1995)은 20세기 영국을 중심으로 계급 세력 관계가 어떻게 변해 왔는지, 그 과정에서 노조 상층 지도자, 현장 조합원, 좌파 세력은 각각 어떤 구실을 했는지 다룬다. 이를 통해 "노조 간부들이 노동자들을 올바로 대변하는 한 그들을 지지하지만 그러지 않으면 곧바로 독자적 행동에 나서"는 현장 조합원들의 자주적 활동을 북돋울 필요성과 장차 전투적 현장 조합원 운동을 건설할 기반을 다지기 위해 지금 이 순간 무엇을 해야 하는지를 말한다.

2장 "현장 조합원과 노동조합 관료"(랠프 달링턴, 2014)는 최근에 쓴 글로 오늘날 영국 노동운동이 당면한 문제, 즉 현장 조합원들이 불만은 높지만 노조 상층 지도부에 독립적으로 투쟁에 나설 만큼 자신감이 높지는 않은 상황에 대한 사회주의자들의 고민과 새로운 시도를 들려준다(오늘날 한국 상황도 큰 틀에서 비슷하기 때문에 이 글은 아주 유용하다). 지은이는 여전히 현장 조합원에게 잠재력이 있다고 역설하며, 전투적 현장 조합원과 좌파적 노조 지도자를 일시적으로 한데 묶는 혼성체 조직을 활용해 현장 조합원의 사기와 자신감을 높일 수 있다고 말한다.

3장 "공산당, 사회주의노동자당, 현장 조합원 운동"(던컨 핼러스, 1977)은 좌파적 노조 지도자를 중심으로 '범좌파 연합' 구축에 주력하는 전략(영국 공산당)과 현장 조합원들의 자주적 활동을 고양시키는 데 주력하는 전략(영국 사회주의노동자당) 사이의 논쟁을 다루며, 이런 이견이 어디에서 비롯한 것인지 살펴본다. 전통적으로 한국의 많은 노동조합 좌파 활동가들도 '좌파적 지도부 세우기'에 주력해 왔다는 점에서 이 글도 유용한 시사점을 던져 줄 것이다.

이 책의 1장은 1996년 한국에서 《노동조합 속의 사회주의자들》(풀무질)로 출간된 바 있지만, 이번에 완전히 새로 번역한 것이다. 이 책의 기획과 편집에 유용한 조언을 해 준 최일붕, 김하영, 김종환 씨에게 감사 드린다. 2장의 초벌 번역을 해 준 김용민

씨에게도 고마움을 표하고 싶다. 책의 기획이 여러 차례 수정되는 동안 끈기 있게 함께 고민하며 도와준 책갈피 출판사 편집부에도 감사 드린다.

이 책이 노동자 운동의 승리를 위해 분투하는 활동가들에게 조금이나마 도움이 되기를 바란다.

2018년 11월

옮긴이 이승민

일러두기

1. 인명과 지명 등의 외래어는 최대한 외래어 표기법에 맞춰 표기했다.

2. 《 》부호는 책과 잡지를 나타내고, 〈 〉부호는 신문과 주간지를 나타낸다. 논문은 " "로 나타냈다.

3. 본문에서 [ ]는 옮긴이가 독자의 이해를 돕거나 문맥을 매끄럽게 하려고 덧붙인 것이고, 인용문에서 지은이가 덧붙인 것은 [— 지은이]라고 표기했다.

4. 본문의 각주는 옮긴이가 넣은 것이고, 지은이의 각주는 [— 지은이]라고 표기했다.

5. 원문에서 이탤릭체로 강조한 부분은 고딕체로 나타냈다.

1

노동조합 속의 사회주의자들

알렉스 캘리니코스

이 책을 쓰는 데 많은 사람의 도움을 받았다. 데이비드 비첨, 토니 클리프, 크리스 하먼, 리 험버, 맥 매케너와 특히 존 리즈에게 감사하다.

———

이 글은 알렉스 캘리니코스의 *Socialists in the Trade Unions*(Bookmarks, 1995)를 번역한 것이다.

01

노동조합은 이제 쓸모없는가?

노동조합의 기본 원리는 뭉치면 살고 흩어지면 죽는다는 것이다. 이것은 노동조합이 처음 등장했을 때나 지금이나 마찬가지다. 자본주의가 지배하는 곳이라면 어디에서나(자본주의는 현대 사회의 구석구석을 지배한다) 노동자들은 일자리와 임금, 노동조건을 더 효과적으로 방어하려고 노동조합에 가입한다.

저항의 규모가 엄청나게 커지는 때가 있다. 아파르트헤이트를 철폐하는 데 핵심적 기여를 한 남아공 노동조합의 투쟁이 없었다면, 1980년대 초 무자비한 독재 정권을 무너뜨리는 데 결정적 구실을 한 폴란드 솔리다르노시치[연대노조] 활동가들의 희생이 없었다면, 브라질과 한국의 새로운 노동조합이 조직한 거대한 파업 물결이 없었다면 지난 15년간의 역사는 매우 달랐을 것이고 노동자들의 처지는 훨씬 열악했을 것이다. 노동자 투쟁은 자본주의의 오랜 중심지인 중서부 유럽을 바꾸는 데서도 중요한 구실을 했다. 1990년대 초 그리스 노동조합은 여러 차례 총파업을 벌여 그리스판 보수당[신민당] 정부를 무너뜨렸다. 1994년 11월 이탈리아의 세 노동조합 연맹은 우파 정부에 맞서 저항을 조직했고 그 일환으로 수도 로마에서 150만 명이 참가한 대규모 행진을 벌였다. 얼마 못 가 정부는 붕괴했다.

영국에서도 변화의 바람이 불고 있다. 영국 노동운동은 보수당 정부의 공격으로 심각한 타격을 입었음에도 오랜 전통이 있고 1980년대에도 여전히 세계 노동운동의 매우 강력한 부분이었다. 그리고 1990년대에 들어서자 자신감과 조직력을 회복하고 있다는 징후가 여기저기서 나타나고 있다. 따라서 노동조합 투쟁이 정치 무대의 중심으로 복귀할 가능성이 크다. 오늘날 사회의 작동 방식에 신물이 난다면 노동조합 투쟁이 사회 변화라는 더 큰 목표와 어떻게 만날 수 있는지 반드시 이해해야 한다.

1970~1980년대 노동자들이 겪은 패배, 조합원과 파업 감소, 이로 말미암은 현장위원* 조직의 약화를 외면할 수는 없다. 그러나 이런 어려움을 과장해서도 안 된다. 통계를 자세히 들여다보

---

* shop steward. 직장위원, 작업장위원으로도 번역되는 영국 노동조합의 현장 대표자. 한국 금속노조 일부 작업장의 비선출직 현장위원과 달리 보통 조합원 50명당 1명꼴로 직접 선출되며 자기 작업장의 교섭에 참여하는 경우도 많다.

면, 현 상황이 보수당 정치인이 퍼뜨리고 노동당과 노동조합 지도자도 너무 쉽게 받아들이는 우울한 전망보다는 훨씬 낙관적임을 알 수 있다. 전체 노동자 가운데 조합원 비율이 줄었다고(통계학적 용어를 쓰자면 '조직률' 감소) 제시하는 통계를 예로 들어 보자. 정부 기관인 고용부조차 1992~1993년의 노동조합 조직률이 35퍼센트로 유지되고 있다는 통계를 냈다. 더구나 50인 이상 작업장에서는 조직률이 47퍼센트로 훨씬 높았다.

그러나 보수당은 이런 수치를 말하지 않는다. 그 대신 노조 조직률이 1992년 32퍼센트에서 1993년 31퍼센트로 하락했다는 통계만 부각하려 한다.[1] 게다가 이 통계에 자영업자와 공공근로자가 포함돼 [조직률을 낮추려는 의도가] 있다는 사실은 감춘다. 전체 조합원 수가 감소했다는 여러 통계에서도 이런 식의 왜곡을 발견할 수 있다. 보수당과 노동운동 내 우파적 인사들은 노동자들이 노동조합 투사들에 진절머리 내고 파업에 관심이 없기 때문에 썰물처럼 노동조합을 떠나는 것이라고 떠들어 댄다. 그러나 진실은 이와 다르다. 조합원 수가 1970년대 정점에 달한 뒤 줄어든 것은 따져 보면 대체로 실업률이 높아져서다. 노동자가 일자리를 잃으면 대부분 노동조합을 떠나는 게 그리 놀라운 일은 아니다. 정부가 발행하는 《고용통계연감》도 이 점을 인정했다. "지난 4년 동안 사무직 노동자 조합원 수는 대체로 안정적이었던 반면 생산직 노동자 조합원 수는 25퍼센트에 해당하는 100만 명이 감소했다. 따라서 1989년 이후 전체 조합원 수가 줄어든 것은 거의 전적으로 생산직 노동자 조합원의 감소 때문이다."[2]

한 권위 있는 연구 보고서도 다음과 같이 인정했다.

1. 200인 이상 대규모 사업장에서 노동조합 조직률이나 승인율, 단체교섭이 전반적으로 감소했다는 증거를 찾을 수 없다.

2. 인쇄업과 출판업 등 한두 부문을 제외하면 노동조합 승인 취소 사례는 거의 없다.

3. 교섭권을 확실히 쥐고 있는 작업장에서 현장 조직이 약해졌다는 증거를 거의 찾을 수 없다. 오히려 그 반대인 경우도 많다. 1984~1990년에 공동현장위원회가* 있는 작업장은 전체의 3분의 1에서 2분의 1 이상으로 증가했다.

4. 이번 조사에서 [노동자들이] 협상 창구 단일화나 무쟁의 협약, 노동조합이 아닌 대의 기구를 지향하는 추세를 거의 발견하지 못했다.[3]

이 통계는 지난날 노동조합이 강력했던 곳에서 여전히 노동조합 조직이 단단하다는 것을 보여 준다.

---

* 작업장에 복수의 노조가 있는 경우, 사용자의 분열 시도에 대응하려고 공동으로 구성하는 현장위원회.

흔히 실업과 공장 폐쇄로 조직 노동자가 돌이킬 수 없을 만큼 줄거나 아예 노동계급이 사라지고 있는 양 여겨진다. 그러나 이것은 특정 형태의 노동자, 즉 제조업·블루칼라* 노동자만 노동계급이라고 착각하는 것이다. 사실 먹고살기 위해 자신의 노동력을 팔아야 한다면 모두 노동계급이다. 지난 50년 동안 제조업에서 생산성이 크게 증가해서 더 적은 수의 노동자가 더 많은 상품을 생산할 수 있게 됐다. 그러나 동시에 민간과 공공 부문 모두에서 서비스 노동자 수가 크게 증가했다. 이것은 완전히 새로운 현상은 아니다. 19세기에 노동계급이 뚜렷이 구별되는 계급으로 등장하기 시작했을 때도 영국 노동자 가운데 가장 많은 부분은 광원이나 공장 노동자가 아니라 집안일을 거드는 하인이었다.

오늘날의 화이트칼라 노동자는 개별 가정에서 고립돼 일하지 않고 대형 사무실이나 슈퍼마켓에서 [여럿이 함께] 일한다는 점에서 과거와 다르다. 시간이 갈수록 이들의 노동조건은 본질적으로 제조업 노동자와 같아지고 제조업 노동자보다 낮은 임금을 받는 경우도 흔하다. 1970년대 초 노동자 투쟁, 특히 광원·항만·금속 노동자들의 파업이 에드워드 히스 보수당 정부를 무너뜨렸는

---

* 블루칼라는 생산직 노동자이고 화이트칼라는 생산직이 아닌 노동자를 뜻한다. 생산직과 사무직으로 바꿔 쓰기도 하지만 사무직이 아닌 화이트칼라(예컨대, 서비스직 노동자)를 고려해 블루칼라, 화이트칼라 노동자로 옮겼다.

데, 그 결과 전투적 노동조합운동이 교사와 공무원 등 공공 부문 화이트칼라 노동자로 확대됐다. 더 최근에는 민간 부문의 화이트칼라 노동자들도 이런 전투성을 발휘할 조짐을 보이고 있다. 예를 들어 은행 노동자들이 파업에 나섰는데 이것은 과거에는 상상하기 힘들던 일이다.

그러나 조합원 감소를 모두 실업 탓이라고 단순하게 설명할 수는 없다. 조합원이 감소한 데는 전통적 제조업이 축소되고 새로 성장한 산업에서 노동조합이 조합원을 충분히 조직하지 못한 탓도 있다. 이에 대한 책임은 전적으로 노동조합 지도부에 있다.

1980년대 내내 그리고 1990년대에 들어서도 노동조합 지도부는 스스로 '신新현실주의'라고 이름 붙인 전략에 힘을 쏟았다. 이 전략에 따라 노동조합 지도부는 보수당이 통과시킨 노동조합법의 엄격한 규제를 받아들여야 한다고 주장하며 노동조합이 전통적으로 사용하던 방식[투쟁]을 버리고 (일반노조GMB 지도자 존 에드먼즈의 말을 빌리면) 노동조합이 "서비스 제공자" 구실을 해야 조합원을 확대할 수 있다고 주장한다. 이들은 조합원을 적극적으로 조직하거나 노동자들의 생활수준을 방어하는 데 노동조합이 효과적 기구임을 입증하는 활동에 힘을 쏟지 않고 신용카드와 저렴한 보험 광고가 실린 화려한 리플릿 따위를 발행한다.

이 전략은 단지 효과적이지 않을 뿐 아니라 대다수 조합원이 원하지 않는다는 점에서 커다란 모순이 있다. 1990년 신규 조합원 약 3000명을 대상으로 한 설문 조사를 보면 화이트칼라 노동자의 9.7퍼센트만이 노동조합에 가입한 두 주요 이유 중 하나로 "(금융 서비스를 포함한) 여러 혜택과 서비스"를 꼽았다. 생산직 노동자는 12.1퍼센트가 그렇게 응답했다. 대다수 화이트칼라 노동자는 다른 이유를 훨씬 더 중요하게 꼽았다. "직장에서 문제가 생기면 도움을 받으려고", "임금과 노동조건을 개선하려고"가 입했다는 답변은 각각 71.9퍼센트와 49퍼센트였고, "노동조합운동이 필요하다고 믿고 그 운동에 참여하려고"라고 답한 사람은 24퍼센트였다.[4] 노동조합이 정말로 진지하게 조합원 확대 사업을 하면 성공하기 마련이다. 상업유통노조USDAW는 [뿔뿔이 흩어져 있는] 작업장의 특성 때문에 조합원 확대에 어려움을 겪고 있다. 이 산업에 종사하는 노동자 가운데 조합원은 13퍼센트뿐이다(그러나 50인 이상 작업장의 조직률은 24퍼센트다). 또 시간제 노동자가 많고 이직률도 높다. 그러나 1990년 노동조합이 확고하게 조합원 확대 사업에 나서자 10만 8294명이 노동조합에 새로 가입했고 그 결과 판매직 노동자의 조직률이 30퍼센트로 높아졌다.[5]

그런데도 우파와 일부 사기 저하한 사회주의자는 낮은 파업 건수를 근거로 노동조합이 회복 불가능할 만큼 약해졌다고 주장한다. 파업 건수가 낮은 건 사실이다. 1993년의 파업 건수는 역대 최저였다. 그러나 파업 건수는 겉으로 드러나지는 않지만 들끓고 있는 노동계급의 전투성을 반영하지 않는다. 예를 들어,

파업 건수에는 하루 이상 지속한 파업만 포함되므로 몇 시간 동안 진행한 작업 중단의 가치가 무시된다. 또 노동조합 지도부가 승인하지 않은 비공인 파업도 포함되지 않고 파업 찬반 투표에서 찬성표를 던진 조합원들의 열망도 지도부가 기각해 버리면 [파업으로 나타나지 않기 때문에] 포함되지 않는다. 그러므로 파업 건수는 노동자의 분노와 싸우려는 의지를 온전히 보여 주지 못한다.

영국 최대 법률 자문 회사의 노동법 부서가 1994년 여름에 진행한 설문을 보면 이런 분석이 타당하다는 것을 알 수 있다. 이 회사는 500대 기업 가운데 100개 기업을 설문 조사한 후 다음과 같은 결론을 내렸다. "앞으로의 전망은 밝지 않고 잘못하면 노사 관계는 1970년대식으로 돌아갈 수도 있다. … 내막을 들여다보면 정부의 '노동손실일수'* 통계[가 보여 주는 것 — 지은이]보다 노사 갈등이 훨씬 첨예하다. … 뜻밖에도 [기업의 — 지은이] 22퍼센트가 지난 12개월 동안 (파업과 그 밖의 쟁의행위로) 노사 갈등을 겪었다고 시인했다."[6]

파업 수준은 자본주의 경제에서 거듭 나타나는 불황과 호황에 크게 영향받는다. 1970년대 중반과 1980년대 초와 1990년대 초 경기 침체로 해고 위협에 직면한 영국 노동자들이 자신감을 잃어 파업이 현저히 줄었다는 게 그다지 놀라운 일은 아니다. 반

---

* 　노사분규로 발생한 사회적 손실을 노동 일수 단위로 표시한 것.

면 1980년대 말 반짝 나타난 '로슨 호황'으로* 실업률이 낮아지자 파업 물결이 일었다. 1990년대 중반 영국이 누리는 부분적이고 제한적인 경기회복도 비슷한 효과를 낼 듯하다. 경기회복과 더불어 지배계급을 떠받치는 주요 버팀목(분명한 몇 개만 예를 들면 경찰, 법원, 민영화한 산업, 왕실)과 보수당 정부에 대한 광범하고 뿌리깊은 불신도 노동자들의 투지를 높이고 있다.

그러나 노동자들의 저항은 모두 보수당 정부가 1979년부터 몇 차례에 걸쳐 통과시킨 노동 악법의 장벽에 부딪힐 것이다(파렴치하게도 토니 블레어가 이끄는 노동당은 이 법률을 거의 그대로 유지하려 한다). 많은 노동조합 활동가들은 이제 노동조합 통제 법률이 산업 투쟁을 규제하기 때문에 파업을 효과적으로 벌일 수 없다고 생각한다. '신현실주의'를 추구하는 노동조합 지도부는 자신의 노선에 대한 지지를 확고히 다지려고 이런 생각을 부추긴다. 그러나 지난 경험에서 알 수 있듯이 노동조합 통제 법률이 제정된다고 해서 곧바로 그 법률을 적용할 수 있는 것은 아니며 이런 악법에 도전해 무용지물로 만들 수 있다. 법을 무시하고 기꺼이 산업 투쟁에 나서려는 노동자가 많아져야 한다. 이것이 1972년 항만 노동자 투쟁이 주는 교훈이다. 항만

---

* 1980년대 후반 마거릿 대처와 재무부 장관 나이절 로슨이 부추긴 금융 거품 호황.

노동자들은 대규모 파업을 벌여 펜턴빌 교도소에 수감된 항만 노동자 5명을 석방하게 만들었고 이들을 구속한 근거가 된 보수당 정부의 노사관계법을 무력화했다.[*]

노동운동의 앞날을 우울하게 보는 사람의 주장과 달리, 지난 20년간 일어난 기술적·조직적 변화는 노동자들에게 유리하게 작용할 수 있다. 예를 들어 1980년대 전 세계 자동차 기업들은 일본에서 [토요타가] 고안한 '적시생산방식', 즉 부품과 원자재 재고를 매우 낮게 유지하는 방식을 도입했다. 기업들은 이 방식으로 비용을 절감하지만 노동자 파업에도 훨씬 취약해진다. 1994년 9월 미국 미시간 주 플린트에 있는 제너럴모터스의 뷰익시티 공장에서 사측이 늘어나는 수요에 맞춰 생산량을 늘리면서도 신규 채용은 하지 않으려고 노동시간 연장 계획을 발표하자 노동자 1만 1500명이 이에 반대하며 파업에 나섰다. 이 공장은 각지의 제너럴모터스 공장에서 사용되는 부품을 생산하는 곳이었다. [부품 부족으로 생산이 어려워진] 제너럴모터스는 곧바로 노동자 2만 2000명을 강제 휴직시켰다. 파업이 1주일 동안 유지됐다면 북아메리카와

---

[*]   1972년 7월 런던 항만노조 현장위원 5명이 노사관계법 위반 혐의로 펜턴빌 교도소에 수감됐다. 그러자 항만 노동자 4만 4000명이 비공인 파업에 돌입했다. 언론 노동자와 금속 노동자도 파업을 벌였다. 압력을 받은 영국 노총 중앙집행위원회는 하루 파업을 호소해야 했다. 겁에 질린 정부는 바로 노사관계법을 개정했고 수감된 항만 노동자 5명을 석방했다.

서유럽의 수많은 공장이 문을 닫아야 할 판이었다. 파업 4일째 회사는 항복하고 약 800명을 신규 채용하기로 합의했다. 1988년 영국 대거넘에 있는 포드자동차 공장에서 벌어진 파업도 유럽의 포드자동차 공장들을 마비시켰다. 이 파업 역시 노동자들의 승리로 끝났다. 노동계급은 약하지 않고 강하다. 진정한 문제는 노동계급이 자신의 힘을 어떻게 사용할 것인지다.

02

자본주의, 노동조합, 노동조합 지도자

노동계급에게는 단 한가지 강점, 즉 노동을 중단해 자본주의를 마비시킬 수 있는 집단적 능력이 있다. 수많은 노동자가 노동조합의 영향력에 매료되고 노동조합에 가입하는 이유는 노동조합이 노동계급의 이런 능력을 효과적으로 발휘하도록 조직을 제공하기 때문이다.

그러나 노동조합에는 두 가지 근본적 한계도 있다. 첫째, 노동조합은 일반적으로 노동계급 전체가 아니라 일부만의 조직이다. 노동조합은 **업종별**로 조직되므로 자본주의 체제가 노동자에게 강요한 분열(예컨대 화이트칼라 대 블루칼라, 금속 노동자 대 광원, 실업자 대 고용된 노동자 등)을 고스란히 반영한다. 둘째, 노동조합은 노동계급의 권력 장악을 위해 싸우는 것이 아니라 자본주의 체제라는 현존 질서 안에서 노동자들의 조건을 개선하는 데 헌신하는 기구다. 마르크스의 표현을 응용하자면, 노동조합은 자본주의 착취를 없애려고 싸우지 않고 착취의 결과에 맞서 싸운다.

노동조합의 이런 두 한계는 셋째·약점을 낳는다. 노동조합운동과 노동조합 지도자, (평상시의) 대다수 조합원은 경제와 정치가 칼같이 분리된다고 생각한다. 매우 노골적으로 말해서, 이렇게 경제와 정치를 분리하는 태도를 가지면 노동조합은 임금·노동조건 등을 둘러싼 경제투쟁만 하고 노동당은 의회에서 노동자를 대신해 정치만 해야 한다는 식으로 나아간다. 이런 생각은 흔히 조직 노동계급의 저항을 약화시킨다. 또 자본가와 노동자가 벌이는 계급투쟁은 비정치적인 경제적·사회적 문제이고 노동계급의 이익을 가장 잘 반영하는 방법은 혁명적 사회변혁이 아니라 협상과 개혁이라는 생각을 부추긴다. 이런 생각은 노동자들이 자본주의 내에서 더 많은 것을 요구하는 것에서 한발 나아가 사회·경제 체제인 자본주의 자체에 도전하는 것을 가로막는다.

대규모 투쟁이 벌어지면 이런 약점이 노동자가 승리할지 정부와 사용자가 승리할지를 판가름하는 데서 얼마나 중요한지 쉽게 알 수 있다. 예를 들어, 1980년대 초 폴란드 연대노조 운동은 그 나라의 스탈린주의 정권을 순식간에 위협했고 장차 혁명으로 발전할 잠재력도 보였다. 이는 당시 폴란드의 경제와 정치가 거의 분리되지 않았기 때문이다. 스탈린주의 정권은 대중의 실질적 시민권을 인정하지 않았을 뿐 아니라 경제도 대부분 지배했다. [소유주가 국가였으므로] 임금 인상 투쟁은 곧 국가에 대한 도전이었다. 반면 국가가 노동자와 사용자의 직접적 대결에서 일정한 거리를 두는 사회에서는 노동조건을 향상하려는 노동자 투쟁이 반드시 사회구조에 대한 도전으로 나아가지는 않는다. 그래서 이런 사회에서는 경제와 정치가 분리된다는 주장이 현실에 더 잘 들어맞는 듯 보인다.

경제와 정치의 분리 현상은 부르주아 민주주의가 정착된 사회(이른바 자유민주주의 사회라는 서유럽과 북아메리카)에서 가장 분명하게 나타난다. 자유민주주의 사회는 보통선거권, 정기선거, 다당제, (표현·집회·결사 등의) 민주적 자유를 보장한다. 자유민주주의 사회에서 평범한 노동자는 누가 정부를 운영할지 투표할 수 있지만 자기 회사의 운영에는 관여할 수 없다. 사람들은 선거에서 마음에 드는 후보에게 투표할 수 있지만 [기업의 임원을 선출할 권리는 없으므로 정권이 바뀌어도] 셸, 유니레버, BP, 브리티시가스 등 모든 기업의 임원은 자리를 보존한다.

자유민주주의에서는 모든 사람이 정치적으로 평등한 것처럼 보인다. 그래서 언론 재벌 루퍼트 머독이든 (노동조합이 허용되지 않는) 머독의 인쇄소에서 일하는 노동자든 선거에서 한 표씩만 행사할 수 있다. 그러나 이런 형식적 평등은 머독과 그가 고용한 노동자의 부와 권력, 정치적 영향력이 엄청나게 불평등하다는 사실을 은폐한다. 머독은 자본을 소유하기 때문에 권력을 휘두를 수 있지만 그가 고용한 노동자는 자본이 없으므로 사실상 아무런 정치적 영향력이 없다.

노동계급은 선거권, 표현의 자유, 노동조합에 가입할 권리 등 여러 권리를 쟁취하기 위해 언제나 투쟁해야 했다. 이런 투쟁은 노동자 운동이 발전하는 데 중요한 발판이 된다. 러시아의 위대한 혁명가 레온 트로츠키는 부르주아 민주주의가 제공하는 틀을 활용해 노동계급이 자신의 조직을 발전시킬 수 있다며 다음과 같이 주장했다.

수십 년 동안 노동계급은 부르주아 민주주의를 활용하거나 그것에 맞서 싸우면서 자신의 활동 무대를 확보하고 프롤레타리아 민주주의의 기반을 다졌다. 노동조합, 정당, 교육 센터, 운동 동호회, 협동조합 등이 그것이다.[1]

부르주아 민주주의와 노동계급 조직의 관계는 양면적이다. 다시 말해, 부르주아 민주주의는 노동계급 조직(노동조합뿐 아니라 영국의 노동당처럼 노동조합과 연관된 정당도)이 발전할 수 있는 기회를 제공하지만 그 조직을 억누르고 포섭하기도 한다. 이런 포섭 시도가 성공할지는 여러 요인에 따라 다르다. 허약한 노동조합운동이나 우파적 노동당은 강력하고 좌파적인 노동조합운동보다 쉽게 제압될 것이다. 승승장구하는 노동조합운동은 연달아 패배를 겪은 노동조합운동보다 약화시키기 어려울 것이다. 그러나 부르주아 민주주의의 조직 노동계급 통제 능력을 가장 크게 좌우하는 것은 경제 상황이다. 부유하고 성장하는 경제는 노동계급의 생활수준 향상을 수용할 여지가 있을 수 있다. 침체된 경제는 그럴 여지가 없을 가능성이 높다. 노동조합 투쟁으로 실질임금을 올릴 수 없다면 노동자들은 자본주의 테두리 안에만 머무르려 하지 않을 수도 있다.

19세기 중·후반과 비교적 최근인 1950~1960년대 장기 호황 동안에는 자본주의 경제가 크게 성장한 덕분에 노동당 정부와 보수당 정부 모두 개혁을 허용할 수 있었다. 경제 호황기에는 노동생산성이 증가하고 상품과 서비스에 대한 수요가 늘어나기 때문에 이윤과 실질임금이 동반 상승할 수 있고 (마르크스가 사용자와 노동자 사이의 갈등 요인으로 지목한) 상충하는 이해관계를 일시적으로 봉합할 수 있다. 같은 맥락에서 심각한 경제 불황이 지속되면 자본가들은 운신의 폭이 좁아지고 노동자들의 일자리·임금·노동조건을 공격해야 한다는 압력을 받는다. 이런 공격은 계급투쟁이 통제가 쉽지 않을 정도로 발전하게 만든다.

노동조합 관료

부르주아 민주주의 사회의 전형적 노동조합운동에는 또 다른 핵심 요소가 필요한데, 바로 노동조합 관료다. 이들은 상근 간부로 구성된 사회계층으로 계급투쟁을 통제해 자본주의 테두리 안에서 개혁을 추구하게 만드는 데 물질적 이해관계가 있다. 19세기 말 시드니 웨브와 비어트리스 웨브 부부(노동당 당헌 4조를* 작성했다)는 노동조합 상근 간부로 이뤄진 관료의 등장을 환영하며 다음과 같이 썼다.

이 기간에 노동조합의 지도력은 이따금 나타나는 열정가와 무책임한 선동가에서 현장 조합원 가운데 특별히 선택된 업무 능력이 탁월한 유급 상근 간부 계급으로 이동했다.[2]

15년 뒤 독일 사회학자 로베르트 미헬스는 독일 사회민주당SPD 안에서도 노동조합과 비슷하게 상근 간부층이 등장하고 있음을 감지했다.

---

* 당헌 4조는 "생산수단의 공동소유" 등 사회주의적 내용을 담고 있고 1918년 당대회에서 통과됐다. 이는 제1차세계대전과 1917년 러시아 혁명으로 급진화한 대중의 압력을 반영한 것이었다.

프롤레타리아 내에는 이미 협동조합 대표, 노동조합 사무장, 그 밖의 다양한 조직의 신뢰받는 지도자들로 구성된 광범한 층이 존재한다. 이들은 부르주아지와 어울리며 그들의 심리를 그대로 본받는다.[3]

1920년대 영국에서는 노동조합 관료주의가 단단히 자리 잡았고 국가와 협력하려는 초기 조짐도 나타났다. 이 과정은 몇 가지 요인 때문에 가속됐다. 제1차세계대전 기간과 그 후 조합원이 급격히 늘었고(1914년 260만 명에서 1920년 830만 명으로 증가했다), 노동조합들이 통합되면서 운수일반노조TGWU와 전국일반·지방자치단체노조NUGMW(오늘날 일반노조의 핵심이다) 같은 대형 노동조합이 등장했고, 1914년까지 지배적이던 지역별 임금 협상 대신 전국적 단체교섭이 강화됐다.[4] 영국 노총TUC 중앙집행위원회의 계급 협조적 태도는 이미 1926년 5월 총파업을 황급히 취소했을 때 만천하에 드러났다. 총파업 이후 영국 노총 지도부는 최고경영자 집단과 협상(몬드-터너 회담*)을 추진했고 1950년대까지 공식 파업을 호소하지 않았다. 1940년 6월 운수일반노조

---

* 1927년 말 최고경영자들은 영국 산업이 처한 어려움을 함께 극복하자며 노총에 협조를 요청했고 노총은 이에 응했다. 이듬해 영국의 거대 화학공업 회사 임피리얼케미컬인더스트리스의 회장 앨프리드 몬드와 노총 위원장 벤 터너가 만나 회담을 했지만 실패했다. 그러나 1930년대에 또다시 협상을 추진했고, 이후 노동조합은 주요 사용자들과 긴밀한 관계를 구축하고 점차 국가 기구에 관여하기 시작했다.

사무총장 출신 어니스트 베빈이 윈스턴 처칠이 이끄는 연립정부의 노동·병무 장관으로 임명되면서 노동조합 관료의 국가 편입이 공식화됐다.[5]

보수적 노동조합 관료의 출현은 노동조합의 특성 자체에서 비롯한다. 노동조합 투쟁은 노동자들이 착취받는 조건을 개선하려는 것이지 착취를 끝내려는 것이 아니다. 계급투쟁을 자본주의 체제 안에 머무르도록 제한한다는 것은 곧 노동자와 자본가의 이해관계가 화해 가능하다고, 즉 이윤에 타격을 주지 않고도 임금을 인상할 수 있다고 여긴다는 것이다. 노동조합 투쟁을 자본주의 체제 안으로 가두려 하는 한 계급 세력균형이 노동자에게 불리할 때 노동자가 타협 압력을 받는 것은 불가피하다. 누군가는 타협안을 놓고 협상을 해야 하기 때문에 다수 노동자와 이들을 대표하는 노동조합 지도부 사이의 분업을 부추기는 압력이 생겨난다. 노동조합 지도부는 점점 더 많은 시간을 사용자와 협상하는 데 할애한다. 얼마 후 일부 지도자들은 노동조합 전임 상근자가 되고 조합비에서 임금을 받게 된다. 그 결과 이들은 자신이 대표하는 조합원들과 멀어지게 된다(그 사람의 신념이 어떻든 간에 말이다).

상근 간부는 작업 현장의 규율과 지저분하고 위험한 작업장에서 자유로워진다. 관리자와 시시각각 벌이는 충돌에 무뎌지고 조합원들과의 유대감도 약해진다. 그리고 노조 사무실로 자리를 옮겨 전과 완전히 다른 환경에서 일한다. 상근 간부가 조합원보다 급여를 많이 받지 않는다 해도(대체로는 더 많이 받는다) 더는 자본주의 생산의 등락에 급여가 좌우되지 않는다. 초과근무를 하지 않아도 되고 조업단축에도 손해를 입지 않는다. 한 공장이 문을 닫더라도 해고 규모를 협상해야 하는 상근 간부는 해고되지 않는다. 끊임없이 밀실에서 사용자와 협상하면서 상근 간부는 노동조합의 가장 중요한 업무가 노동과 자본 간의 협상·타협·화해라고 생각하게 된다. 투쟁은 협상을 방해하며 노동조합 기금을 축내는 성가시고 위험한 일이 된다. 상근 간부는 착취당하는 노동자들의 조건을 개선하겠다는 제한적 목표마저 뒤로 하고 노동조합 자체를 최고의 목표로 삼게 된다.

독일의 위대한 혁명가 로자 룩셈부르크는 1890년 이후 독일에서 "상근 노동조합 관료층의 출현"이 낳은 정치적 효과를 다음과 같이 잘 묘사했다.

평화적 시기에 경제투쟁이 단절돼 자연스럽게 시야가 좁아지면 노동조합 상근 간부는 매우 쉽게 관료주의에 빠지고 세계관이 협소해진다. 이 둘은 … 조직에 지나친 가치를 두는 것으로 나타난다. 조직은 점차 수단에서 목적 자체로 바뀐다. 즉, 조직이라는 최고의 가치에 투쟁의 이해관계도 종속된다. 이 때문에 노동조합의 안정을 위협하는 위험천만한 일을 회피하려고 [계급] 화합의 필요성을 공공연히 인정하게 된다. 더 나아가, 노조의 투쟁 방식 자체, 노조의 전망, 노조의 성공에 지나친 가치를 두게 된다.

더불어 룩셈부르크는 노동조합 관료의 등장으로 "지도부와 현장 조합원의 관계가 획기적으로 변했"고 그 결과 "의사 결정의 주도력과 권한은 … 노동조합 전문가에게 위임되고 … 대다수 조합원에게는 수동적으로 규율을 따르는 것이 미덕으로 자리 잡았다"고 지적했다.[6] 현장 조합원과 이해관계가 다른 상근 간부라는 독특한 사회계층이 등장하는 추세는 선진 자본주의 나라에서 기본적으로 똑같았다. 상근 간부는 자본주의 체제 안에서 노동자들의 조건을 개선하려고 노력하지만 동시에 경제적 계급투쟁이라는 노동자들의 무기를 사용하는 것조차 머뭇거리기도 한다. 사용자와 관계가 악화되고 노동조합이 불안정해지고 기금이 바닥날까 두려워서 말이다.[7]

노동조합 관료의 보수주의에는 물질적·경제적 토대가 있다. 상근 간부는 현장 조합원에 견줘 경제적 특혜를 누린다. 영국의 노조 상근 간부를 조사한 연구를 보면 1991년 노동조합 사무총장 가운데 61퍼센트가 연봉을 3만 파운드 이상 받았다.[8] 격차가 훨씬 큰 경우도 있다. 우편통신노조CWU의 공동 사무총장 앨런 존슨은 연봉과 각종 특혜 수당으로 7만 2570파운드를 받은 반면 그가 대표하는 우편 노동자의 평균 연봉은 1만 4000파운드렸다. 비전임 간부와 대표자가 전임 상근 간부와 비슷하게 물질적 특혜를 누리기도 한다. 철도해운운수노조^{RMT}의 집행위원은 임기 3년 동안 전임자로 파견돼 연간 '수당'만으로 흔히 2만 8000파운드를 받는다.[9] 이런 물질적 특혜 때문에 노동조합 관료는 자신이 노동자들의 착취 조건을 협상하는 임무를 부여받을 수 있는 자본주의 사회를 유지하는 데 이해관계가 있다. 반면 현장 조합원은 사용자의 착취를 완화하고 궁극적으로 철폐하는 데 이해관계가 있기 때문에 상근 간부와 이해관계가 상충한다.

노동자 투쟁은(단순히 자본주의 체제에서 개혁을 얻어 내려는 투쟁도) 자본주의의 안정을 해칠 수 있다. 그래서 노동조합 지도자들은 거듭거듭 투쟁이 통제에서 벗어나지 못하도록 개입하고 조합원의 기대에 한참 못 미치는 타협안을 들이밀며 투쟁을 끝내 버린다. 노동조합 지도부의 이런 배신으로 평범한 노동자들은 격한 분노에 휩싸이는데, 그 결과 특정한 조건이 맞물리면(이 점은 3장에서 자세히 다룰 것이다) 노동조합 관료에 독립적으로 싸울 수 있는 현장 조합원 조직이 탄생할 수 있다.

노동조합 관료주의는 주로 영국이나 미국 같은 선진 자본주의 사회에서 완전한 형태로 나타나는 경향이 있지만, 규모를 막론하고 노동조합운동이 존재하는 곳이라면 어디든 성장할 잠재력이 있다는 사실을 이해하는 것이 중요하다. 코사투^{COSATU[남아공노동조합회의]}가 좋은 예다. 1970~1980년대 남아공에서는 현장 조합원의 강력한 민주적 통제에 기반해 독립 노동조합들이 건설됐다. 노동자들이 선출한 비전임 대표자인 현장위원들이 점차 정치투쟁으로 번져 가던 새로운 노동운동에서 핵심적 구실을 했다. 그러나 1980년대 말 독립 노조들은 점차 사용자·정부와 전국적 교섭을 하는 데 치중했고, 코사투에 우호적인 역사가조차 다음과 같이 인정해야 했다. "흔히 노동조합 간부가 진정한 권력을 행사했고 선출된 노동자 대표와 집행위원회가 간부의 권력 남용을 억제하는 구실을 했다."[10] 그러므로 전투적 노동조합운동도 관료주의 경향에서 자유롭지 않다. 관료주의 경향은 노동조합운동의 자기 제한적 본질과 자본주의 체제 안에서 노동자의 삶을 개선하겠다는 목표에서 비롯한다.

좌파 간부, 우파 간부

노동조합운동에서 근본적 분열은 노동조합 관료와 현장 조합원의 분열이다. 그러나 영국의 많은 좌파는 이 주장에 동의하지 않는다. 공산당(1980년대 와해 조짐이 나타나기 전까지 좌파적 노동조합 활동가에게 정치적 영향을 미친 핵심 세력이었다)은 1920년대 중반부터 줄곧 노동조합에서 좌우파의 정치적 차이가 가장 중요하다고 주장했다. 그래서 사회주의자는 좌파 지도부 세우기에 전념해야 한다고 말이다. 공산당은 이런 주장을 바탕으로 '범좌파 연합' 전략을 발전시켰다. 기본적으로 범좌파 연합은 노동조합 선거에서 좌파 후보의 당선을 돕기 위해 좌파 활동가를 한데 모으는 선거 연합이었다. 오늘날 공산당은 존재하지 않지만 여전히 수많은 노동조합 활동가가 범좌파 연합 전략에 매력을 느낀다.

　범좌파 연합 전략의 바탕이 되는 분석은 언뜻 생각하면 꽤 그럴듯하다. 노동조합 지도자 사이에 뿌리깊은 정치적 차이가 있다는 점은 분명하다. 예를 들어 광원노조NUM 지도자 아서 스카길이 이끄는 노동조합운동은 통합금속전기노조AEEU의 우파적 지도자 빌 조던이 이끄는 노동조합운동과 크게 다르다. 좌파가 주도하는 가장 중요한 노조인 운수일반노조는 노총 대의원대회나 노동당 당대회에서 올바른 목소리를 낼 수 있고 우파 지도부가 이끄는 노조(예컨대 통합금속전기노조)와 상당히 다른 정책을 옹호할 수 있다. 그러나 진정한 물음은 좌우파 노동조합 지도자 간 분열이 존재하는지가 아니라 이런 차이가 모든 노동조합 상근 간부를 독특한 사회계층으로 묶어 주는 이해관계보다 더 중요한지다. 최근의 한 연구는 연구자 자신의 의도와 상당히 다른 결과를 보여 줬다.

　간부들은 재량권을 유지하고 조합원의 통제를 제한하고 싶다는 열망을 강하게 드러냈다. 예를 들어 간부의 74퍼센트는 조합원과 비상근 대표자가 '여러 해석이 가능한'(예컨대 '상당한 임금 인상' 같은) 요구를 내놓기 바랐다. 75퍼센트는 "상근 간부는 언제나 조합원의 열망에 부합해야 한다"는 말에 찬성하지 않았다. … 대다수 간부는 협상 재량권을 지키고 조합원의 엄격한 통제에서 벗어나는 데 지대한 관심이 있었다.[11]

노동조합 간부 사이의 차이는 노동조합이 민주적 대중조직이라는 사실에서 비롯한다. 노동조합 안에서 벌어지는 논쟁은 다양한 압력을 반영한다. 한편에서는 사용자가 (주로 대중매체를 활용해) 노동조합 내부 정치에 개입해 압력을 넣는다. 옛 전기노조(지금은 통합금속전기노조의 일부다)의 우파 지도자들은 보수 언론의 지원을 받아 상당한 혜택을 누렸다. 다른 한편에서는 현장 조합원들이 압력을 가한다. 좌파 지도부를 당선시키려는 투쟁은 흔히 거대한 계급투쟁의 반영이다. 1981년 아서 스카길은 광원노조 위원장에 당선했는데, 이것은 1969~1974년에 광원 파업이 여러 차례(공인이든 비공인이든) 벌어졌고 그 파업에서 그가 일정한 구실을 한 덕에 가능했다.

우파 간부의 배신에 분노하는 현장 조합원 활동가들이 현장의 좌파적 활동가로 구성된 지도부를 세워 노동조합을 진정한 투쟁 기구로 바꿀 수 있다고 생각하는 것은 충분히 이해할 만하다. 그러나 이런 생각은 현장 조합원의 자신감 부족을 반영하는데, 이런 방식으로는 현장 조합원이 자신의 힘과 조직을 사용하기보다 노동조합 상층 지도부에 적절한 인물을 세우는 데 의존하게 되기 때문이다. [그러나 현실에서] 1972년과 1974년에 벌어진 전국적 광원 파업 당시 광원노조 위원장은 우파인 조 곰리였지만 광원들은 크게 승리했다.

어떤 경우라도 좌우 노동조합 간부의 의견 차이는 그들을 결속시키는 공통점보다 덜 중요하다. 가장 급진적 좌파 지도자라도 자신과 경쟁 관계에 있는 우파 지도자와 같은 사회계층, 즉 노동조합 관료에 속한다. 그래서 좌파 지도자도 결정적 국면에서 투쟁을 중단하고 사용자와 끔찍한 타협을 할 가능성이 있다. 1926년 총파업 말미에 알론조 스웨일스, 앨프리드 퍼셀, 조지 힉스를 비롯한 영국 노총 중앙집행위원회 내 좌파는 총파업을 중단하기로 우파와 합의했다. 이 때문에 광원들은 홀로 투쟁을 이어 가야 했고 사측이 6개월 동안 직장 폐쇄를 단행한 끝에 처절히 패배했다. 1974~1979년 집권한 노동당 정부가 추진한 사회협약* 때문에 영국 노동자들의 실질임금은 20세기를 통틀어 가장 크게 삭감됐는데, 이 사회협약이 실행되는 데서 핵심 구실을 한

---

* 노동당 정부가 추진한 정책으로, 노사관계법을 폐지하고 기업이 물가 인상을 억제하는 대신 노동자는 임금 인상을 자제한다는 내용의 협약.

사람 역시 뛰어난 좌파 지도자(운수일반노조의 잭 존스와 금속 노조의 휴 스캔런)였다.

정치적 신념이 어떻든 간에 노동조합 간부는 모두 두 가지 요소에 특히 많은 영향을 받는다. 첫째는 노동조합 기구(조직 그 자체와 기금 등)인데, 룩셈부르크가 지적한 것처럼 상근 간부에게 노동조합은 "목적 자체로 바뀐다. 즉, 조직이라는 최고의 가치에 투쟁의 이해관계도 종속된다."[12] 1979년 이후 집권한 보수당 정부들은 잇따라 노동조합 통제 법률을 도입하며 재빠르게 공격에 나섰는데, 이 법률은 노동조합 기금을 주요 표적으로 삼았다. 노동조합 기금을 잃을 위험을 무릅쓰고 파업을 감행할 지도자는 극히 드물었다. 1984~1985년 대규모 광원 파업 와중에 광원노조 지도부는 이런 위험을 감수하려 했지만 다른 노동조합 관료들은 연대를 회피했다. 이들은 파업 파괴자 구실을 하는 일부 광원들을 대표하는 [반노동자적] 변호사들이 광원노조 기금을 압류하는데도 팔짱 끼고 지켜보기만 했다. 사실, 보수당이 도입한 노동조합 통제 법률의 주된 목적은 노동조합 파괴라기보다 노동조합 기금을 위협해서 상근 간부의 [보수적] 영향력을 강화하고 간부들이 파업을 억제하도록 더 강하게 유인하려는 것이었다. 사용자를 대상으로 한 설문 조사를 보면, 사용자가 노동쟁의에서 이 법률을 실제로 사용한 경우는 거의 없었다. 설문에 응한 한 사용자의 말을 빌려 더 정확히 말하면 "이 법률로 말미암아 [노동조합 간부는] 쟁의를 피하기 위해 온갖 절차를 죄다 활용하게 됐고 상근 간부의 개입이 더 강화됐다. 이 과정을 거치며 합의를 체결하고 유지하려는 협상 전문가적 태도가 더 강해졌다."[13]

둘째, 노동조합 간부는 자신들이 운명 공동체라는 생각에 강하게 사로잡혀 내분을 불러일으킬 수 있는 행동에 나서기를 주저한다. 이 점은 1970년 초 이래 가장 걸출한 좌파 노동조합 투사 아서 스카길에게도 매우 분명히 나타난다. 1984~1985년 광원 파업 당시 스카길은 광원노조 집행부 다수파의 계획보다 훨씬 더 전투적으로 파업에 나서야 한다고 강하게 주장했다. 그러나 그는 결코 집행부 다수파와 공개적으로 결별하지도, 지도부를 뛰어넘어 파업에서 승리할 전술을 추진하자고 현장 조합원들에게 호소하지도 않았다. 이 때문에 강력하지만 보수적인 광원노조 지역 지도부(특히 요크셔의 잭 테일러)는 파업을 억누를 수 있었고 조합원의 수동성과 절망감이 커지면서 파업은 점점 활력을 잃었다.[14]

1992년 10월 보수당 정부가 탄광 31곳을 폐쇄하겠다는 계획을 발표했을 때 스카길이 보인 태도는 훨씬 더 놀랍다. 당시 거대한 대중적 분노가 폭발했다. 경제 불황과 그것에 책임이 있는 야비하고 무능한 보수당 정부에 대한 분노가 켜켜이 쌓여 온 상황에서 탄광 폐쇄 계획은 분노의 초점이 됐다. 이때 총파업을 벌였다면 보수당 정부는 십중팔구 무너졌을 것이다. 그러나 노총 사무총장 노먼 윌리스는 관료라는 지위에 걸맞게 '냉각기간'을 선포하며 단호하게 정반대 방향으로 나아갔다. 노총의 방침은 항의시위를 벌이는 것이었다. 수많은 노동자를 해고하느라 정신 없이 바빴던 탄광 소유주들과 공동으로 말이다. 그런데도 스카길은 이에 도전하는 행동은 고사하고 비판조차 하지 않았다. 여러 광원 집단이 폐쇄 위기에 처한 탄광을 점거하자고 제안했지만 스카길이 끼어들어 점거 논의를 중단시켰다. [저항이 사그라지자] 보수당은 애초 계획보다 많은 탄광을 폐쇄할 수 있었다. 그제서야 스카길은 노총이 곤경에 처한 광원들을 외면했다고 맹비난했다. 올바른 비난이긴 했지만 스카길은 광산업 말살 정책에 맞서 실질적 투쟁을 이끌지 않은 자신의 잘못은 인정하지 않았다.[15]

지금까지 노동조합 관료의 공통점을 설명했는데, 그렇다고 노동조합 관료 내 좌우 구분이 무의미한 것은 아니다. 좌파 간부가 우파 간부보다 진보적 정책을 지지할 가능성이 높다. 좌파 지도부 당선은 현장 조합원의 투쟁 의지를 가늠하게 해 준다. 그러므로 사회주의자는 노동조합운동에서 좌파와 우파가 싸우면 좌파를 지지해야 한다. 그러나 노동조합 간부(좌파든 우파든)에 의존해서는 안 된다. 현장 조합원들은 노동조합 상층 지도부에 의존하지 말고 자기 자신과 스스로 건설한 조직과 연대에 기대를 걸어야 한다.

노동조합 관료와 국가

노동조합 관료는 개혁주의 정당의 사회적 기반을 제공한다. 영국의 노동당이나 독일의 사회민주당, 남유럽의 사회당 같은 개혁주의 정당은 노동계급을 착취하는 자본주의 체제의 근간은 건드리지 않은 채 자본주의를 개혁해서 더 민주적이고 인간적인 사회를 만들고자 한다. 이것은 노동조합 관료의 존재 이유인 노동계급과 자본가계급의 타협 추구와 긴밀하게 연결된다.

때때로 노동조합 관료는 개혁주의 정당과 공식적·제도적 관계를 맺는다. 영국 노동당 당대회에서 가맹 노동조합이 행사하는 블록 투표처럼* 말이다(그러나 1인 1표제가 도입되면서 이 관계는 약해졌고 당 지도부 선거에서 노동조합원의 발언권은 국회의원과 지구당 당원에 견줘 상당히 작아졌다). 이 둘의 관계는 비공식적인 경우가 더 흔하지만 노동조합 관료와 개혁주의 국회의원 사이의 동맹은 영국뿐 아니라 독일 등 다른 나라에서도 분명한 현상이다.[16]

노동조합 지도자들은 자본주의 전복이 아니라 개혁을 위해 노력한다. 이들은 자본주의 체제 보전과 그에 맞선 혁명적 투쟁을 선택해야 하는 상황에 놓이면 어김없이 전자를 선택할 것이

---

* 노동조합 대표자가 전체 조합원 수만큼 표를 행사하는 투표 제도.

다. 노동조합 지도자들은 [모순적인] 사회적 위치에 처해 있고 궁극적으로는 체제에 충성하므로 (좌우를 막론하고) 위기와 계급투쟁이 첨예해지는 시기에 크게 동요한다. 토니 클리프는 이 점을 다음과 같이 탁월하게 묘사한 바 있다.

노동조합 관료는 소심하고 개혁주의적이다. 이 때문에 믿을 수 없을 정도로 무기력하고 불쌍한 처지에 놓인다. 노동조합 관료는 개혁을 꿈꾸지만 국가와 관계가 틀어질까 불안해하고(국가는 새로운 개혁을 거부할 뿐 아니라 기존의 개혁을 되돌리기도 한다), 개혁을 쟁취할 수 있는 유일한 동력인 노동자 투쟁도 두려워한다. 또 현장 조합원은 누릴 수 없는 자신들만의 특권을 빼앗길까 봐 노심초사한다. 노동조합 관료는 국가의 노동조합 통제를 싫어하지만 대중투쟁을 그보다 더 두려워한다. 결정적 시기에는 언제나 국가 편을 들지만 그럴 때조차 오락가락한다.[17]

1919년 영국의 사례는 위기가 도래할 때마다 노동조합 관료가 늘 기존 국가 편에 선다는 사실을 매우 분명하게 보여 준다. 일부 역사가는 1919년에 영국 자본주의가 역사상 가장 위태로웠다고 말한다. 유럽 곳곳에서 혁명이 일어났고 산업 투쟁이 들불처럼 번졌다. 군대는 항명했고 경찰마저 파업에 나섰다. 세상만사가 제1차세계대전으로 심각한 손상을 입은 지배계급을 위협하는 듯했다. 그렇지만 지배계급(교활한 총리 데이비드 로이드 조지가 이끌었다)은 국가와 대적할 의지가 없는 노동조합 관료 덕분에 위기를 모면했다.[18] 철도노조·운수노조·광원노조가 맺은 '삼각동맹'은 광산업 국유화를 요구하는 광원들을 지지하며 파업에 나서겠다고 선언했다. 노동당 좌파 지도자 어나이린 베번은 광원노조 지도자이자 주요 좌파 활동가인 로버트 스마일리에게 전해 들은 이야기를 토대로 정부와 삼각동맹 지도자 간의 중차대한 회합에서 벌어진 일을 다음과 같이 기록했다.

로이드조지가 노동조합 지도자들에게 도움을 청하며 만나자고 했다. 스마일리는 나에게 다음과 같이 말했다. "우리는 사람을 잘 구슬리는 달변가 로이드조지에게 설득당하지 않겠다고 굳게 마음먹고 갔어요. … 그런데 그는 처음부터 상당히 솔직하게 나왔어요." 스마일리는 말을 이어 갔다. "로이드조지는 우리에게 다음과 같이 말했어요. '신사 여러분, 여러분은 삼각동맹이라는 정말이지 어마어마한 조직을 만들어 냈습니다. 저는 우리 정부의 미래가 여러분의 손에 달려 있음을 고백해야겠습니다. 군대는 불만에 가득 차 있어서 신뢰할 수 없는 상황입니다. 이미 여러 부대에서 문제가 발생했습니다. 우리는 이제 막 세계대전의 구렁텅이에서 벗어났고 사람들은 자신들이 희생한 대가를 간절히 바랍니다. 그러나 우리는 사람들의 열망을 충족시킬 방법이 없습니다. 이런 상황에서 여러분이 위협한 대로 파업을 실행에 옮긴다면 정부가 패배할 것입니다.'"

스마일리는 계속해서 로이드조지의 말을 전해 줬다. "그런데 여러분의 행동이 낳을 결과를 따져 보셨습니까? 파업은 이 나라 정부에 도전하는 것이고 파업이 성공을 거둘수록 헌정 위기도 심각해질 것입니다. 국가 자체보다 더 강력한 세력이 국가 안에서 등장한다면, 그것은 국가의 기능을 떠맡을 준비가 돼 있어야 합니다. 그렇지 않다면 한발 물러나 국가의 권위를 인정해야 합니다." 그런 다음 로이드조지는 조용히 다음과 같이 물었다고 한다. "신사 여러분, 이 점을 깊이 생각해 보셨습니까? 생각해 보셨다면, 정말 준비가 됐습니까?" 그리고 스마일리는 나에게 다음과 같이 말했다. "바로 그 순간 우리는 할 말을 잃었고 우리가 패배했음을 알게 됐어요."[19]

로이드조지는 노동조합 지도자들을 꿰뚫고 있었다. 파업은 취소됐다. 1926년 총파업에서도 똑같은 일이 벌어졌다. 노총은 임금 삭감에 항의하는 광원들을 지원하는 파업에 나서겠다고 약속했다. 당시 보수당 정부의 총리 스탠리 볼드윈은 임금을 전면적으로 삭감하는 데 혈안이 돼 있었다. 노총의 중앙집행위원회는 이 쟁점을 정치적 색채를 배제한 노동조합 투쟁으로 한정하려 했다. 반면 볼드윈은 현재 벌어지고 있는 총파업이 국가에 대한 도전이라며(실제로 그랬다) 헌정 질서를 뒤흔드는 일이라고 주장했다. 이런 식으로 제기되자 노총은 서둘러 투쟁을 접는데 골몰했다. 철도노조 지도자 J H 토머스의 다음과 같은 말이당시 노총 지도부의 태도를 잘 요약한다. "총파업이 헌정 질서를흔드는 것이라면 마땅히 정부가 승리해야 합니다. 오히려 그러지못할까 봐 두렵습니다. 이게 내 한결같은 생각입니다."[20] 이런 자들이 지도부로 앉아 있었으니 총파업이 철회되고 광원들이 외면당한 게 그리 이상하지도 않다.

노동조합 지도부가 국가를 편드는 게 영국의 풍토병은 아니다. 1968년 5~6월 프랑스에서는 선진 자본주의 나라에서 벌어진 투쟁 중 손꼽힐 만큼 큰 격변이 일어났다. 학생들의 반란에고무받은 노동자들은 장군 출신 샤를 드골 정권에 맞서 대규모총파업을 벌였다. 프랑스 최대 연맹인 노조총연맹CGT 지도부와공산당은 임금 인상과 총선 실시라는 대가를 받고 이제 그만 파업을 끝내자고 혼신의 힘을 다해 노동자들을 설득했다.

영국이나 프랑스보다 정치적으로 더 불안정한 나라에서도 똑같은 양상을 발견할 수 있다. 1980~1981년 폴란드 국가에 맞서[전체 폴란드 노동인구의 약 80퍼센트에 해당하는] 노동자 1000만 명을 민주적으로 조직한 연대노조 운동은 역사적으로 손꼽힐 만큼 위대한노동자 운동이었다. 그러나 레흐 바웬사가 이끈 연대노조 지도부는 '자기 제한적 혁명'이라는 전략을 추구했는데, 여기에는 노동계급과 폴란드 정권의 타협을 모색하는 것도 포함됐다. 그러나 정부는 1981년 12월 계엄령을 선포하고 연대노조를 대대적으로 탄압했다. 연대노조는 이때 받은 타격을 결코 만회하지 못했다. 폴란드 정권은 결국 1989년에 붕괴했지만 그 원인은 대중 반란이 아니라 정권 자체가 내부적으로 취약했기 때문이다.

노동조합 관료가 국가에 충성하는 것은 노동조합운동의 한계를 가장 분명하게 보여 준다. 즉, 노동조합운동은 경제와 정치가 칼같이 분리된다는 생각을 받아들여 노동자 투쟁을 자본주의의 틀 안에 가두는 경향이 있다. 노동조합의 이런 한계 때문에 기존 국가에서 개혁을 얻어내려고 골몰하기보다 국가에 맞선 노동자 투쟁을 지원하는 정치조직이 매우 중요하다. 낡은 자본주의 체제를 노동계급의 민주적 대중조직에 기반한 새로운 국가로 대체하려 노력하는 노동자 정당이 필요하다. 이런 정당을 건설하는 일은 노동조합 안에서 현장 조합원과 지도부 사이에 벌어지는 투쟁과 무관하지 않다. 이제 이 두 세력이 벌이는 투쟁을 살펴보겠다.

03

현장 조합원 운동

　현장 조합원 조직은 노동자들이 직접 선출하고 소환할 수 있는 현장 대표자들의 기구다. 현장 조합원 조직은 작업 현장에서 일하는 비전임 대표자로 구성되고 조합원의 직접 통제를 받는다는 점에서 공식 노동조합 체계와 다르다. 공식 노동조합은 보통 작업장이 아니라 지역 단위로 조직되고 흔히 전임 지도자는 평생 그 자리를 지킨다(임명이 아니라 선출된 지도자여도 그렇다).* 현장 조합원 조직은 (공식 노동조합 체계에 포함된 경우도 많고 거의 통합된 경우도 간혹 있지만) 현장의 일상 투쟁 과정

---

* 　예를 들어, 한국의 민주노총 위원장 격인 영국 노총 사무총장은 임기가 정해져 있지 않고 65세로 정년 퇴임한다.

에서 등장하고 많은 경우 노동조합 관료와 충돌하면서 생긴다. 현장 조합원 조직은 대체로 미리 계획해서 만들어지는 게 아니다.

노동조합 상근 간부는 조합원에게서 멀어지고 계급 화해를 추구하기 때문에 다수 조합원과 갈등을 빚을 수밖에 없다. 투쟁을 배신하는 노동조합 관료를 보면서 현장 조합원들은 자신과 자신의 '대표자'의 이해관계가 다르다는 것을 자각하고, 그 결과 자신의 요구와 열망을 제대로 대변하는 조직이 필요하다고 깨닫는다. 게다가 노동조합 관료는 중앙집중적 체계를 이뤄 현장과 괴리되기 때문에 일상으로 벌어지는 갈등에 즉각 대응할 수 있는 현장 조합원 조직이 성장하게 된다. 노동자 임금의 상당 부분이 지역 지부나 작업장별 협상으로 정해지는 상황도 현장 조합원 조직의 출현을 부추긴다.

영국의 현장위원회는 현장 조합원 조직의 전형적 사례다. 1892년 금속산업에서 처음 등장한 현장위원은 금속노동자연합ASE 지역 지부의 [하급] 간부였고 조합비를 걷고 조합원을 새로 가입시키는 일을 했다.

[그러나 — 지은이] 현장위원들은 자신의 임무가 지역 지부를 대신해 정보를 전달하고 실무를 처리하는 것뿐이라고 생각하지 않았다. 작업장 대표가 그 작업장의 사용자와 협상하는 교섭위원으로 파

견되는 관행은 계속됐고, 작업장 교섭은 단체교섭의 여러 절차 가운데 하나로 인식됐다.[1]

그러나 현장 조합원 조직이 처음에는 작업장에서 임금을 협상하는 임무를 하면서 등장하지만 특정 상황에서는 자본주의 국가의 권위에 도전하는 노동자 권력기관이 될 수 있다. 1905년과 1917년 러시아 혁명은 부분적인 경제적 요구를 내건 작업장 투쟁에서 어떻게 노동자평의회(소비에트)가 발전할 수 있는지 보여 줬다. 최초의 소비에트는 1905년 페테르부르크의 인쇄 노동자들이 문장부호에도 급여를 지급하라고* 요구한 파업에서 탄생했다. 소비에트는 차르 왕정에 필적할 만한 노동자 정부로 발전했고 반란에 가까운 총파업을 조직했다. 당시 페테르부르크 소비에트 의장 트로츠키는 다음과 같이 썼다.

대체로 소비에트는 혁명적으로 발전할 가능성이 있지만 당장은 경제적 요구에 머무는 파업 투쟁 속에서 등장한다. … 소비에트는 혁명의 초기 국면을 거치며 각성하기 시작한 대중을 접촉할 수 있는 광범하고 유연한 조직 형태[다 — 지은이]. 또 소비에트는 현 시기 노

---

* 당시 인쇄 노동자들은 인쇄 글자 수에 따라 급여를 받았는데 사용자들은 마침표나 쉼표 같은 문장부호는 글자 수에 포함하지 않았다.

동계급에게 권력을 장악할 임무가 있다고 이해하는 의식 높은 노동자의 수와 상관없이 전체 노동계급을 단결시킬 수 있다.[2]

위대한 이탈리아 혁명가 안토니오 그람시는 현장 조합원 조직이 노동자 권력기관이 될 수 있다고 봤다. 그람시는 1919~1920년 비엔뇨 로소[붉은 2년] 당시 노동자들의 혁명적 투쟁이 아래로부터 사회를 뒤흔든 것을 목격하고 그렇게 주장했다. 이 정치적·사회적 격변의 한복판에는 토리노의 금속 노동자들이 있었다. 이들은 숙련 노동자의 특권을 방어하는 기구였던 현장위원회(이탈리아에서는 '공장내부위원회'라고 불렸다)를 노조 가입 여부와 상관없이 숙련·미숙련 노동자를 모두 아우르는 작업장 대표자 위원회로 바꿔 놓았고 이 대표자들은 점차 생산을 통제해야한다고 주장했다. 그람시는 다음과 같이 주장했다.

현재 공장내부위원회는 작업장에서 자본가의 권한을 제한하면서 규율을 유지하고 갈등을 조정하는 구실을 한다. 앞으로 내부위원회는 발전하고 강해져서 자본가들이 수행하던 경영과 관리 업무를 모두 대체하는 노동자 권력기관이 돼야 한다.[3]

그러나 현장 조합원 조직이 노동자평의회의 맹아로 발전할 잠재력이 있다 해도 반드시 그렇게 된다는 보장은 없다. 노동조합이 취약하거나 상근 간부의 통제가 강한 곳(예를 들어, 미국 자동차노조의 현장위원은 조합원들이 선출하지 않고 상근 간부가 임명한다)에서는 이런 잠재력이 빛을 발하지 못할 수도 있다. 영국에서 현장 조합원 조직의 힘과 전투성은 노동과 자본의 세력 균형에 따라 상당히 달랐다.

또 현장 조합원 조직과 혁명적 사회주의 정치가 수렴되는 것은 매우 특정한 구체적 상황에서만 가능하다. 대체로 현장 조합원 조직의 정치는 혁명적 정치와 거리가 멀다. 이것은 당연한데, 노동조합과 마찬가지로 현장 조합원 조직도 자본주의 체제 안에서 특정 부문 노동자들의 물질적 조건을 개선하려는 목적으로 등장했기 때문이다. 현장 조합원 조직에서 활동하는 노동자들은 사용자와 국가가 현장 조합원 조직을 공격해야 하는 상황으로 내몰릴 만큼 사회·경제적 위기가 심화하는 시기에만 부문적 관점을 뛰어넘어 계급적 사고를 하게 된다.

이런 상황에서 더 전면적인 계급투쟁을 벌이고 지역과 산업의 경계를 넘어 노동계급의 단결을 고민하는 현장 조합원 **운동**이 등장할 수 있다. 흔히 혁명적 사회주의자들이 이런 운동을 이끄는데, 현장 조합원 조직에 필요한 정치, 즉 사용자와 노동조합 관료에 독립적인 정치를 제공할 수 있는 유일한 세력이기 때문이다.

'노동자 대투쟁'과 최초의 현장 조합원 운동

1910~1921년에 영국의 산업 투쟁이 급성장했다(표1 참고).[4] 그리고 이 시기에 최초의 진정한 현장 조합원 운동이 등장했다. 제1차세계대전을 앞두고 영국 자본주의는 미국이나 독일 같은 신생 산업국가의 부상에 강한 압박을 받았다. 이런 압박에서 벗어나고자 사용자들은 노동자들의 임금과 노동조건을 공격하고 생산을 구조조정하려 했다. 광산업과 금속산업 등에서 노동계급이 대대적으로 공격받았다. 바로 이런 상황에서 현장 조합원 조직이 실질적 세력으로 발전했다. 사용자들의 공격 때문에 1910~1914년 '노동자 대투쟁'이 분출했다.

표1. 1900~1993년 영국의 연평균 파업 통계

연도	파업 건수	파업 참가자 수 (단위 1000명)	파업 일수 (단위 1000일)
1900~1910	529	240	4,573
1911~1913	1,074	10,347	20,908
1914~1918	844	632	5,292
1919~1921	1,241	2,108	49,053
1922~1925	629	503	11,968
1926	323	2,734	162,233
1927~1932	379	344	4,740
1933~1939	735	295	1,694
1940~1944	1,491	499	1,816

1945~1954	1,791	545	2,073
1955~1964	2,521	1,116	3,889
1965~1969	2,380	1,208	3,951
1970	3,906	1,793	10,980
1971	2,228	1,171	13,551
1972	2,497	1,722	23,909
1973	2,873	1,513	7,197
1974	2,922	1,622	14,750
1975	2,282	789	6,012
1976	2,016	670	3,284
1977	2,703	1,155	10,142
1978	2,471	1,003	9,381
1979	2,080	4,583	29,474
1980	1,348	834	11,964
1981	1,344	1,513	4,226
1982	1,538	2,103	5,314
1983	1,364	574	3,754
1984	1,221	1,464	27,135
1985	903	791	6,402
1986	1,074	720	1,920
1987	1,016	887	3,546
1988	781	790	3,702
1989	701	727	4,128
1990	630	298	1,903
1991	369	176	761
1992	253	148	528
1993	211	385	649

출처: 리처드 하이먼의 *Strikes*(London, 1977)와 《고용통계연감》(1980년 이후 통계에는 작업 중단 수치도 포함됐다).

노동자 대투쟁에서 곧바로 나타난 두 가지 특징은 대중파업과 조합원 수의 급격한 증가였다. 1910년부터 제1차세계대전이 벌어지기 전까지 노동손실일수는 연간 1000만 일까지 치솟았고 조합원 수는 210만 명에서 410만 명으로 증가했다.[5] 격렬한 산업투쟁이 벌어져 노동조합운동이 성장했다. 1910~1911년 사우스웨일스 광원들이 치열한 투쟁을 벌이며(주로 비공인 파업이었다) 투쟁의 포문을 열었다. 1911년 여름이 되자 여러 도시에서 선원과 부두 노동자들이 맹렬하게 파업에 나섰고 철도 노동자들도 처음으로 전국적 파업을 벌였다. 곧이어 1911년 말과 1912년 초 겨울에는 광원들이 전국적 파업에 돌입했고 1912년 여름에는 런던의 운수 노동자들이 바통을 이어받았다.

　노동자 대투쟁 당시 가장 두드러진 특징은 노동자들이 매우 공세적이었다는 점이다. 대체로 전투적 비공인 투쟁이 벌어졌고 이런 전투성이 때때로 폭력적 형태를 띠기도 했다. 파업 노동자들은 자신의 노동조합 지도자와 계속 갈등을 빚었고 국가기구와도 거듭거듭 충돌했다. 1911년 8월 머지사이드 주에서* 운수 노동자들이 총파업을 벌이자 리버풀 시 당국은 공안위원회를 구성해 군인 3000명과 경찰 수백 명을 투입했다. 군함이 머지 강 곳곳을 돌아다니며 파업 노동자들을 위협했다. 운수 노동자들

---

* 　영국 잉글랜드 중서부에 있는 주. 주도州都는 리버풀이다.

의 파업은 리버풀 노동계급을 단결시켰다. 보수당에 친화적인 오렌지당이 부추긴 개신교와 가톨릭교의 종파 간 분열이 일시적으로 사라졌다. 파업에 참가한 한 노동자는 8만 명이 거리로 쏟아져 나온 8월 13일 대규모 시위 장면을 다음과 같이 회상했다. "같은 수의 가톨릭 신자와 개신교 신자로 구성된 가스턴 악단이 5마일을 행진했고 이 임시 악단의 악장은 주황색과 녹색[각각 개신교와 가톨릭교를 상징한다] 리본을 나란히 감은 지휘봉을 자랑스럽게 휘저었다." 이날 경찰과 군대는 행진 대열을 잔인하게 공격했다(이날은 머지사이드의 '피의 일요일'로 알려졌다). 그러나 리버풀 노동자들은 반격에 나섰다. 〈타임스〉는 이날 이후 노동자들의 "게릴라 전투"가 급속히 번졌다고 보도했다. 인근의 한 지역에서 "사람들은 능숙하게 가시철조망을 쳤고 바리케이드와 휴지통, 각종 가전제품을 이용해 방어선을 만들었다."[6]

노동자들은 국가와 충돌하도록 내몰렸다. 게다가 소수 노동자들은 노동조합 지도자들이 자신의 투쟁을 지원하지 않는 것에 격분해 산업 투쟁을 통해 성장하고 있는 노동자들의 힘을 이용해서 자본주의 자체에 도전할 방법을 찾기 시작했다. 노동자 대투쟁 기간에 신디컬리즘의 영향력이 커졌다. 신디컬리스트들은 직업별 노동조합이 대세인 기존의 노동조합을 산업별 노동조합으로 전환해 동종 산업의 노동자를 모두 한 노동조합으로 조직하려 했고 이 산업별 노동조합이 노동자 국가의 기초라고 생각했다.

1914년 8월 제1차세계대전이 발발하자 산업 투쟁에서 보인 노동자들의 전투성이 일시적으로 사그라졌고 파업 건수도 급격히 줄었다. 유럽의 다른 곳과 마찬가지로 영국에서도 노동당과 노총의 지도부는 자국의 전쟁 참여를 지지했다. 1915년 3월 금속 노동자연합을 비롯한 노동조합 지도자들은 자유당 소속 재무 장관 로이드조지와 재무 협약을 맺었다. 이 협약에서 노동조합 지도자들은 군수물자 생산을 늘리기 위한 '노동 희석'(숙련 노동자가 하던 일에 미숙련 노동자를 투입하는 것)을 받아들였다.* 이 협약과 함께 전시의 열악한 임금과 노동조건에 시달려 많은 금속 노동자가 급진화했다. 주요 산업 지구(가장 두드러진 곳은 글래스고와 셰필드였다)에서 금속 노동자들이 격렬한 투쟁을 벌였다. 이 투쟁을 거치며 현장위원회·노동자위원회 운동이 등장했다. 최초의 현장 조합원 운동은 클라이드와 셰필드를 비롯한 여러 지역에서 건설된 노동자위원회를 기반으로 벌어졌고, 직종과 작업장에 상관없이 현장 대표자들을 한데 모아 연대 투쟁을 조직했다.[7]

현장위원회의 주요 지도자들은 J T 머피와 윌리 갤러커(둘 다 나중에 영국 공산당에서 지도적 구실을 했다) 등 다양한 경향의

---

* 재무 협약에는 전시에 파업권 등 노동조합의 권리를 모두 금지한다는 내용도 포함돼 있었다.

혁명적 사회주의자들이었다. 그러나 이들의 지지 기반은 주로 자신이 누려 온 특혜를 지키려는 숙련 금속 노동자였다. 현장위원회와 노동자위원회가 1917년 5월 조직한 최대 규모의 파업에는 48개 도시에서 금속 노동자 20만 명이 참가해 노동 희석을 군수 물자와 무관한 영역으로 확대하지 못하게 만들었다. 그러나 전국적 반전反戰 파업을 벌여 정치 쟁점에 초점을 맞추려는 운동 지도부의 계획은 무참히 실패했다.

그렇지만 전시의 현장위원회 운동은 두 측면에서 매우 중요한 정치적 진전이었다. 첫째, 혁명적 현장위원들은 노동조합 안에서 독립적 현장 조합원 조직을 건설한다는 이론을 발전시켰다. 그 전까지 혁명적 사회주의자들은 노동조합 활동에 전혀 관여하지 않거나 신디컬리스트처럼 기존 노동조합을 혁명적 산별노조로 대체 또는 전환하려 했다. 혁명적 산별노조가 장차 사회주의 국가의 기반이 될 거라 생각하며 말이다. 전시에 현장위원회 운동을 건설한 실천적 경험을 바탕으로 이 운동의 지도자들은 노동조합 공식 기구 안에서 노동조합 관료에 독립적으로 싸울 수 있는 현장 조합원 조직을 만드는 데 집중했다.

노동조합 관료에 대한 현장위원회 운동의 태도는 1915년 11월 클라이드노동자위원회가 발행한 첫 유인물에 잘 정리돼 있다. 이것은 역사를 통틀어 현장 조합원 조직의 특징을 가장 잘 요약한 것이다.

우리는 노조 간부들이 노동자들을 올바로 대변하는 한 그들을 지지할 것이다. 그러나 그러지 않으면 곧바로 독자적 행동에 나설 것이다. 모든 작업장에서 파견한 대표자로 구성되고 낡은 규약과 규칙에 제약받지 않는 우리는 노동자들의 진정한 정서를 대변한다. 우리는 사안의 중요도와 현장 조합원들의 열망에 따라 즉각 행동에 나설 수 있다.[8]

둘째, 1917년 10월에 일어난 러시아 혁명 이후 현장위원회 운동의 지도자들은 노동자위원회가 소비에트의 맹아라고 봤다. 1919년 2월 현장위원회와 노동자위원회가 발행한 신문은 다음과 같이 썼다. "러시아의 소비에트 정부는 노동자위원회, 즉 러시아 민중의 비공인 현장 조합원 운동에서 태어났다. 현장위원회는 소비에트를 건설하는 첫 단계다."[9] 그러나 혁명적 현장위원들은 현장 조합원 조직의 정치적 잠재력을 자각했지만 러시아 혁명의 또 다른 교훈은 재빨리 터득하지 못했다. 즉, 소비에트는 볼셰비키의 지도를 받으며 정권을 장악했다는 사실 말이다. 현장위원들은 혁명적 사회주의 정당이 어떻게 분산된 여러 투쟁을 결합해 개별 사용자만이 아니라 자본주의 국가 자체에 맞서 싸우도록 초점을 제공하고 노동계급 내부의 분열을 극복했는지를 이해하는 데 굼떴다.

전국소수파운동과 1926년 총파업

러시아의 10월 혁명은 전 세계 사회주의자를 고무했다. 1919년 볼셰비키는 공산주의인터내셔널(코민테른)을 만들어 전 세계 혁명가에게 조언하고 도움을 줬다. 코민테른은 영국에서 활동하는 다양한 경향의 혁명적 좌파와 현장위원회·노동자위원회 지도자들이 힘을 합쳐 1920년 영국 공산당을 창립하도록 도왔다. 제1차세계대전 발발 전 영국의 혁명가들은 사회주의 조직의 핵심 임무가 사상을 선전하는 것이라고 생각했다. 볼셰비키의 정당 개념은 이와 아주 달랐다. 1921년 코민테른이 채택한 "전술에 관한 테제"는 다음과 같이 주장했다.

공산당은 투쟁 속에서만 건설될 수 있다. 아무리 작은 공산당이라도 선전과 선동으로만 임무를 제한해서는 안 된다. 공산당은 모든 노동자 대중조직에서 선진 부위가 돼야 하고, 투쟁이 전진하도록 실천적 대안을 제시하고 노동계급의 일상적 요구를 쟁취하기 위한 투쟁을 호소하면서 후진적이고 동요하는 대중에게 어떻게 투쟁을 벌여야 하는지 보여 줘야 한다. 이런 과정을 통해 대중에게 공산당을 제외한 정당이 믿을 수 없는 세력이라는 것을 입증해야 한다.[10]

그러나 영국 공산당이 창립된 시기는 여러 면에서 혁명적 열

망을 실현하기에 불리했다. 제1차세계대전이 끝났을 때는 경제
투쟁이 급격히 증가했다(52~53쪽 표1 참고). 그러나 영국 공산
당이 창립된 1920년에는 사용자들이 상황을 주도했다. 사용자들
의 공격으로 조합원이 빠르게 줄었다. 1920년 830만 명이던 조
합원은 1922년에는 560만 명으로, 1933년에는 330만 명으로 줄
었다.[11] 이 시기 노동자 투쟁은 후퇴했다. 1926년 광원들은 탄광
폐쇄에 맞서 6개월 동안 싸웠지만 패배했다. 금속 노동자들은
이미 1922년에 직장 폐쇄를 당해 패배했고 1929~1933년에 벌어
진 섬유 노동자들의 파업도 패배하고 말았다. 이런 패배는 현장
조합원 조직에 엄청난 충격을 줬다. J T 머피는 1922년에 열린
코민테른 4차 대회에서 다음과 같이 말했다.

영국에는 강력한 현장 조합원 운동이 있었습니다. 그러나 이런 운
동은 특정한 객관적 조건에서만 일어날 수 있습니다. 지금 영국에
는 현장 조합원 운동이 일어날 수 있는 조건이 마련되지 않았습
니다. 175만 명이나 되는 노동자가 거리로 쫓겨났는데 어떻게 현장
조직을 건설할 수 있겠습니까? 천지 사방에 실업자가 넘치고 작업
장이 텅 빈 상황에서 현장 조직을 건설할 수는 없는 노릇입니다.[12]

전국소수파운동NMM은 이처럼 불리한 상황에서 1924년에 출
범했다. 이 단체는 광산업과 금속산업에서 생겨난 소수파운동

단체들을 기반으로 했다. 코민테른 4차 대회에서 볼셰비키 지도자 로좁스키는 전국소수파운동의 계획을 다음과 같이 설명했다. "기존 노동조합운동에 저항하는 반대파를 더 많이 조직해야 합니다. … [공산당은 — 지은이] 반대 세력을 규합하는 구심이 돼야 하고 반대파의 성장과 더불어 함께 성장해야 합니다."[13]

전국소수파운동의 목표는 노동조합 안에서 '반대 세력'을 결집하는 것이었다. 그런데 이런 반대 세력을 어디서 찾을 수 있을까? 운동의 상층 지도자를 주목할 것인가 아니면 현장 조합원들을 주목할 것인가? 공산당 지도부가 좌파 노동조합 지도자를 너무 믿어서는 안 된다고 경고한 것은 사실이다. 1924년 10월 J R 캠벨은* 다음과 같이 썼다. "공산당과 소수파운동이 소위 좌파 노조 간부에게 지나치게 의존하는 것은 자멸적 정책이 될 것이다."[14] 그러나 전국소수파운동 전략의 핵심은 사실 상층 지도부에 의존하고 좌파 지도부를 세워 지원하는 것이었다. 1923년 9월 윌리 갤러커는 다음과 같이 썼다.

영국 곳곳에서 등장하고 있는 이 운동은 … 현장 조합원 운동이라기보다 노동조합 내 모든 계층을 아우르려는 운동이다. 이 운동은 반드시 현장 조합원이 주도해야 하지만 지역·지구·전국 지도부 가

---

* 클라이드노동자위원회의 활동가이자 공산당 발기인 중 한 명.

운데 적어도 몇 명은 자본주의가 낳은 갈등을 중재하겠다는 유혹에 빠진 적이 결코 없다는 사실도 명심해야 한다.[15]

[공산당이 보기에] 우파 지도자의 배신에 대처하는 가장 확실한 방법은 이들을 좌파 지도자로 교체하는 것이었다. 공산당원이자 광원노조 지도자인 아서 호너는 심지어 다음과 같은 안을 제시했다.

전국소수파운동 협의회는 … 전국에 있는 소수파운동 활동가들과 지지자들이 노총 중앙집행위원회에 노조의 힘을 집중시키기 위해 자신이 속한 노동조합에서 지속적으로 활동할 것임을, 또 가장 현명하고 활력적인 최상의 투사가 노동계급을 대표해 중앙집행위원이 될 수 있도록 중앙집행위원회의 규약을 개정할 것임을 맹세한다.[16]

1926년 총파업은 이 전략이 어떤 결과를 낳았는지 분명히 보여 줬다. 1924년 광원들은 투쟁을 통해 10퍼센트의 임금 인상을 따냈는데 이것은 노동자들이 전후의 사기 저하에서 벗어나 전투성을 회복하고 있다는 징표였다. 전국소수파운동은 조합원 감소를 만회하고자 '노동조합으로 돌아가자'는 캠페인을 벌였다. 1923~1924년에 경기가 회복되면서 실업률이 떨어지자 노동자들은 사용자와 겨룰 자신감을 얻었다. '붉은 금요일'로 알려진 1925년 7월 31일 정부와 탄광 소유주들은 노동조합의 총파업 위협에 굴복해 광원 임금 삭감 계획을 철회했다. 그러나 총리 볼드윈은 광원노조 지도부에게 "이 나라의 노동자들은 경제 활성화를 위해 임금 삭감을 감수해야 한다"고 훈계했다.[17] [문제가 해결된 게 아니라] 대결이 미뤄졌을 뿐이었다. 결정적 전투는 1926년 5월에 벌어졌다.

한편, 노동자들의 전투성 회복으로 노총 중앙집행위원회에 선명하고 매우 전투적으로 주장하는 좌파 지도자들(스웨일스, 퍼셀, 힉스가 주요 인물이었다)이 등장했고 1924~1925년에는 이들의 혁명적 미사여구가 노총을 압도했다. 이 시기 전국소수파운동의 영향력은 급상승했고 특히 금속 노동자와 광원에게 큰 영향을 미쳤다. 이런 좌파적 분위기 속에서 영국 노총은 1925년 봄 영·소 노동조합위원회 설립에 참여했다. 그러나 중앙집행위원회는 1926년 5월 3일 정부의 강경한 태도* 때문에 어쩔 수 없이 총파업에 나섰지만 철저하게 파업을 통제했다. 이들은 현장 조합원이 주도력을 발휘할 여지를 없앴고 파업 열흘째 되는 날에

---

* 정부는 1925년 7월 '붉은 금요일' 이후 파업에 대비해 만반의 준비를 했고 이 기회에 노동조합의 콧대를 꺾겠다고 벼르고 있었다. 반면 노총 중앙집행위원회는 협상에 매달렸고 총파업 직전까지 협상을 시도했다. 중앙집행위원들은 5월 1일 총리 볼드윈과 몰래 만나 광원들의 임금 삭감을 수용하겠다고 약속했지만 정부는 〈데일리 메일〉 인쇄 노동자들이 광원들을 공격하는 사설을 인쇄하지 않자 이를 빌미로 노총과 협상하지 않겠다고 선언했다.

는 전혀 설득력 없는 핑계를 대며 파업을 취소해 광원들을 곤경에 빠뜨렸다. 공산당과 전국소수파운동은 이렇다 할 구실을 하지 못했는데 부분적으로 그 이유는 이들이 좌파 지도부를 지지하는 전략에 머물렀기 때문이다. 총파업 동안 공산당이 제기한 구호는 "모든 권력을 노총 중앙집행위원회로"였다. 총파업이 벌어지기 이틀 전 공산당의 지도적 인물 J T 머피는 스웨일스와 그의 동료를 "광원들의 요구를 위해 단호하게 싸울 매우 용기 있고 훌륭한 노동조합 지도자"라고 설명했다.[18] 이것이 사실이라면 노동자들이 더 큰 세력인 노총을 놔두고 굳이 공산당에 기대를 걸어야 할 이유가 있을까?

2주도 안 돼 머피의 이런 평가가 완전히 잘못됐음이 드러났다. 머피가 말한 이 "훌륭한 노동조합 지도자"들은 중앙집행위원회의 우파 지도자 어니스트 베빈, J H 토머스 등과 마찬가지로 눈하나 깜짝하지 않고 광원들을 배신했다. 공산당이 광원들을 배신한 노총을 비판하자 우파 지도자 벤 터너는 다음과 같이 응수했다. "중앙집행위원회의 총파업 중단 선언은 좌파, 우파 할 것 없이 만장일치로 결정됐다."[19]

1926년 총파업에서 영국 공산당의 이론적·정치적 무능이 여과 없이 드러났다. 그러나 이런 약점은 러시아 혁명이 변질되면서 강화됐다. 1920년대 중반 스탈린과 그 주변의 관료 집단이 소비에트를 대신해 소련의 실질적 지배 기구가 됐다. 이 관료 집단은 국가와 자기 집단의 이익을 전 세계 노동계급의 이익보다 중요하게 여겼다. 이들의 태도는 스탈린이 외친 구호 '일국 사회주의'에 잘 드러난다. 코민테른은 소련의 외교정책 도구로 변질됐다. 영·소 노동조합위원회는 스탈린과 지노비예프 등 코민테른 지도자들에게 외교적으로 유용한 기구였다. 이들은 영국 노총에서 활동하는 동맹자들의 심기를 불편하게 만들고 싶지 않았고 그래서 영국 공산당의 실수를 바로잡으려 하지도 않았다.

공산당과 현장 조합원 조직의 재건

1930년대 중반 노동자 운동은 1926년 총파업의 패배에서 벗어나 자신감을 회복하기 시작했다. 노동운동이 부활하면서 경제투쟁의 양상이 변하기 시작했고 이 양상은 1960년대 말까지 지속됐다. 표1에서 볼 수 있듯 이 시기에 파업은 역사상 유례가 없을 정도로 많았다. 다만 1960년대 '일반적 파업'에 참가한 노동자 수는 1920년대의 절반이었다. 파업 기간도 매우 짧아졌다.[20]

강력한 현장 조합원 조직의 등장이 이런 변화를 만들었다. 새로운 현장 조합원 조직은 1930년대 성장하기 시작했다. 당시 영국 자본주의가 주력 산업을 석탄과 섬유에서 자동차, 전기, 화학, 화학섬유 등으로 재편했기 때문에 이 새로운 산업에서 현장 조합원 조직이 성장했다.[21] 1930년대 중반 대공황의 가장 혹독한 고비가 지나갔다. 제2차세계대전이 다가오면서 영국 정부는 재무장 계획을 추진했고 그 결과 항공산업처럼 군수물자와 직결된 산업뿐 아니라 금속산업 전체가 이득을 봤다. 이 덕분에 실업률이 낮아졌고 노동자들의 자신감이 높아졌다. 역사학자 리처드 크라우처는 다음과 같이 썼다.

비록 한두 명이라도 옛 동료가 일터로 돌아오는 것을 목격한 노동자들은 복귀한 노동자의 규모보다 훨씬 큰 자신감을 얻었다. 2년 전에는 작업 도중 웃었다는 이유로 해고되는 경우도 간간이 있었는데 이제 작업장에서 엄격한 통제가 서서히 무너지기 시작했다.[22]

그렇지만 새로운 산업에서 노동자를 조직하는 것은 힘겨운 일이었다. 예를 들어, 옥스퍼드 카울리에 있는 프레스트스틸 공장의 생산과정은 자동화가 많이 이뤄졌고 위험했다. 이 공장의 노동자는 주로 실업률이 높은 웨일스, 스코틀랜드, 아일랜드에서 건너온 '이주민'과 옥스퍼드 지역의 여성들이었는데, 이들은 숙련도가 낮았고 조합원도 아니었다. "노동자들은 하루 단위로 고용됐고 사용자들이 밀어붙이는 작업 속도를 따라잡을 수가 없었다." 1934년 이 '잡부'(노동자들이 자신들을 그렇게 불렀다)들이 '노예 공장'에 맞서 저항에 나섰고 운수일반노조와 공산당원들의 지원을 받으며(공장의 직업별 노동조합은 지원하지 않았다) 파업에 들어가 임금 인상과 현장위원 선출권을 따냈다. 1938년 3월 프레스트스틸 공장에는 2500명을 대표해 운수일반 노조 현장위원이 40명 있었다.[23]

크라우처가 관찰한 것처럼 "1880년대와 1910년대에 이어 1930년대에 또다시 영국의 노동운동이 분출하자 조합원이 상상할 수 없을 정도로 증가했고 가장 '후진적'으로 보였던 노동자들이 엄청난 전투성을 발휘했다." 1937년 저임금에 시달리고 제대로 훈련도 받지 못하던 수습공들이 두 차례 파업에 나섰다. 첫 파업은 4월 클라이드 지역에서 시작해 다른 지역으로 빠르게 퍼졌다. 금속 노동자 15만여 명이 수습공들을 지지하며 하루 연대 파업을 벌였다. 그해 말 맨체스터 지역에서 더 큰 파업 물결이 일었고 금세 다른 지역으로 확대됐다. 전국에서 사용자들이 일부 양보를 했고 지역적으로 벌인 임금 협상에서도 임금을 많이 올려 줄 수밖에 없었다. 더 중요한 점은 이 파업이 "암울하던 대공황기에서 전쟁을 코앞에 두고 노동자들의 힘과 자신감이 커지는 시기로 넘어가는 하나의 분수령"이었고 현장 조합원 조직을 더욱 강화했다는 것이다.[24]

작업장에서 노동조합이 활력을 되찾은 것은 단순히 각기 다른 작업장과 산업에서 활동하는 개인이 단편적 투쟁을 벌인 결과가 아니었다. 공산당은 현장위원회 운동이 성장하는 데 정치적 구심을 제공했다. 공산당원은 개별 작업장에서 활동하는 최상의 투사였다. 동시에 공산당은 개별 투쟁을 지원하고 연대 전략을 추진할 수 있는 운동을 건설해 작업장을 서로 연결하려 노력했다.

1935년 3월 브룩워스의 호커[항공기 제조사] 공장 노동자들이 파업에 돌입했는데 킹스턴의 호커 공장 노동자들의 강력한 지원을 받았다. 노동자들이 요구 사항을 모두 쟁취하지는 못했지만 이 파업은 중요한 성과를 남겼다.

이 파업은 제1차세계대전 이후 처음으로 그 이름에 걸맞은 현장위원회 운동을 이끌어 내는 산파 구실을 했다. 가장 중요한 항공기 제조사의 핵심 공장들에서 파업이 일어났다. 공산당은 자신의 전국적 네트워크를 이용해 공동 투쟁과 연대를 조직할 수 있었다. 공산당원은 두 호커 공장의 파업을 세심하게 조직했고 자신이 속한 작업장에서도 파업을 준비했다. 파업위원회는 〈데일리 워커〉[공산당 기관지 — 지은이]를 공식 기관지로 인정했고 미들랜드의 공산당 산업 조직자 톰 로버츠가 파업위원회에 깊숙이 개입했다. 공산당은 투쟁의 성과가 사라지지 않도록 노력했고 항공산업 현장위원들의 전국적 운동을 건설하려고 분주하게 움직였다.[25]

호커 파업 후 얼마 지나지 않아 '항공산업 현장위원 전국평의회'가 건설됐다. 전국평의회는 파업 당시 발행한 파업 지지 리플릿을 발전시켜 〈뉴 프로펠러〉라는 신문을 발행했고 공산당원이 그 편집자를 맡았다. 1938년 10월 〈뉴 프로펠러〉는 51개 공장에서 2만 부가 판매되고 있다고 발표했다. 갈수록(특히 제2차세계대전 발발 이후) 더 많은 공장이 방위산업에 연루되면서 운동은 항공산업을 넘어 다른 산업으로 확산됐다. 1940년 4월 열린 협의회에 107개 공장(모든 공장이 항공기 제조와 관련된 것은 아니었다)의 현장위원 283명이 참가해 '항공산업 현장위원 전국평의회'를 '금속 관련 산업 현장위원 전국평의회'로 발전시켰다.[26]

현장위원회를 건설하면서 공산당도 바뀌었다. 해크니 지역의 핵심 공산당원이자 1930~1940년대 런던 소방관과 버스 노동자들 사이에서 차례로 지도적 구실을 한 밥 다크가 당시 공산당의 변화를 잘 묘사했다. 다크는 1931년 공산당에 가입했다 냉전이 절정에 달한 1950년대에 탈당했다. 1931년 공산당의 해크니 지부는 "지식인 나부랭이 20여 명이 참여하는 느슨한 모임이었고 쉬지 않고 수다를 떠는 카페 혁명가들의 작은 사교 집단"이었다. 그러나 이 모든 것은 지역 노동자 운동에 꾸준히 개입하면서 바뀌었다.

당 활동에 참여하기 시작하면서 나는 나 같은 노동자를 입당시켰다. 당시 나는 루이스버거[페인트 회사]에서 일했기 때문에 제일 먼저 페인트 노동자를 가입시켰다. 공장 안에 공산당 모임이 생겼고 얼마 뒤 분회가 만들어졌다. … 징켄캐비닛 공장에 당원이 가장 많았다. 달스턴 버스 노동자 당원도 금세 20명으로 늘었다. 내가 루이스버거를 떠날 당시 그곳에는 활동적 당원이 20명 있었다.

제2차세계대전이 일어났을 때 우리는 모든 곳에 관여하고 있었다. 공산당은 노동자 정당이었고 믿음직하고 강인하고 비타협적인 데다 적극적이고 전투적인 노동조합 활동가로 이뤄진 위협적인 당이었다.[27]

1951년 다크가 공산당을 탈당했을 때 해크니에는 당원이 880명 있었고 한때 그 지역 노동조합 35개 중 28개를 장악하기도 했다.[28] 해크니에서 공산당의 규모와 영향력이 커진 것은 당원들이 노동자들의 일상생활과 투쟁에 꾸준히 개입했기 때문이다. 작업장 주변에서 정기적으로 〈데일리 워커〉를 판매한 것이 공산당을 건설하는 데 핵심적 구실을 했다. 1930~1940년대 영국의 다른 노동자 밀집 지역에서도 똑같은 광경을 볼 수 있었다.

그러나 공산당이 노동자 조직을 재건하는 방식에는 심각한 약점도 있었다. 공산당은 노동자가 승리할 수 있는 최선의 방법이라며 좌파 노조 지도부 세우기를 굳건하게 추진했다. 이미 1930년대 말 공산당이 주도하던 현장위원회 운동은 통합금속노조AEU 지도부와 '타협'을 모색하고 있었다. 1939년 잭 태너(한

때 전국소수파운동을 지지했다)가 통합금속노조 위원장에 당선하고 1942년 공산당원 월 해닝턴이 통합금속노조 전국 조직자가 되자 이런 태도가 더 강화됐다. 1941년 6월 독일이 소련을 침공하자 영국 공산당은 자국의 전쟁 참여를 지지했다. 공산당 소속 현장위원들은 파업을 반대했고 경영진과 함께 '공동 생산 위원회'를 구성했다. 1943~1944년 노동자들의 불만이 분출해 파업 물결이 일었을 때 노동자들은 비록 규모는 작지만 자신의 투쟁을 지지한 트로츠키주의 조직에 조언을 구하기도 했다.[29]

04

최근의 상승기: 1960년대와 1970년대 초

제2차세계대전에서 비롯한 완전고용 상태는 1950~1960년대의 장기 호황 덕분에 전후에도 계속 유지됐다. 이런 유리한 경제적 조건을 활용해 노동자들은 강력한 현장위원회를 건설하고 이를 기반으로 협상력을 높였다. 1970년대 초 영국에는 현장위원이 20만 명 있었고 이 중 3분의 1이 금속 노동자였다.[1] 현장위원들은 완전고용 상태를 활용해 각각의 작업장에서 임금을 올릴 수 있었다. 당시 벌어진 파업이 대부분 비공인 파업이었다는 사실을 보면 세력균형이 현장 조합원 쪽으로 이동했음을 알 수 있다.

이 시기 현장위원회는 토니 클리프와 콜린 바커가 '아래로부터 개혁주의'라고 부른 정치에 기반했다. 클리프와 바커가 지적했듯이 "현장위원회는 대체로 협소한 시야에 갇혀 경제적이고 노동조합적인 요구에 머물렀다." 게다가 이들은 파편화된 개별 작업장 안에서 활동했다. 그러나 현장위원회의 개혁주의는 고전적 개혁주의, 즉 노동자를 대신해 국회의원과 노동조합 지도자가 개혁을 쟁취해 주길 기다리는 것과 상당히 달랐다. 1960~1970년대 노동자들은 "스스로 개혁을 쟁취했고 … 자신감이 높았고 독립적으로 당면 문제를 해결할 수 있는 능력도 키웠다."[2]

사용자와 정부가 현장위원회를 분쇄하거나 최소한 통제라도 하겠다고 나서자 현장위원들은 정치적 시야를 넓혀야 했다. 그 결과 1960년대 말과 1970년대 초에는 반세기 만에 가장 격렬한 계급 갈등이 불거졌다.[3] 경쟁국들이 가하는 압력이 커지자 영국 자본주의는 실질임금을 좀처럼 인상해 줄 수 없었다. 오히려 이윤율 하락이 계속된다면 생활수준을 공격해야 했다. 1960년대 말 경제 위기가 연달아 전 세계를 강타하자 지배계급은 양보할 여지가 더 줄어들었다.[4]

1964~1970년에 집권한 노동당 정부가 현장 조합원 조직을 공격하기 시작했지만 1969~1970년 공공 부문 노동자들이 파업으로 맞서 좌절시켰다. 1970년 6월에 당선한 보수당 에드워스 히스 정부가 바통을 이어받아 공격을 재개했다. 히스 정부는 노사관계법과* 소득정책[임금·가격 통제 정책]을 밀어붙였지만 노동자들은

---

* 1970년 12월 보수당 정부가 도입한 법. 노조를 모두 등록하게 했고 등록하지

1920년대 이후 가장 큰 정치 파업으로 대응했다. 1972년 광원 파업으로 임금 인상을 억제하려는 히스 정부의 첫 시도가 무력해졌다. 뒤이어 철도·항만·건설 노동자들이 전국적 파업을 벌였고 맨체스터 금속 노동자들은 공장을 점거했다. 노사관계법 위반 혐의로 펜턴빌 교도소에 수감된 항만노조 현장위원 5명의 석방을 요구하는 비공인 파업 물결이 일었고 정부는 압력에 떠밀려 수감자들을 석방했다. 1974년 2월 광원들이 또다시 파업으로 결정타를 날렸는데 그 결과 히스 정부의 임금 인상 억제를 막았을 뿐 아니라 정부 자체가 무너졌다.

한 역사가는 히스 정부 시절에 벌어진 투쟁의 결과가 "노동조합운동이 오랫동안 정부와 벌여 온 대결에서 거둔 가장 놀라운 승리"였다며 다음과 같이 썼다.

1970~1974년의 노동자 투쟁은 1910~1914년의 노동자 투쟁보다 규모도 훨씬 더 크고 비할 바 없이 성공적이었다. 정부가 도입한 노사관계법과 주택금융법(반대 운동의 규모는 더 작았다)에* 반대하는 투쟁이 촉발한 시민 불복종 운동에 수많은 노동자가 참가했다.

않으면 단체행동 면책 혜택을 박탈했다. 냉각기간과 비밀투표를 재도입했고 클로즈드숍을 금지했다.

* 공공 주택 임대료 인상을 골자로 하는 법.

1972~1974년에 공장·사무실·작업장·조선소 등에서 점거 투쟁만 200건이 넘게 벌어졌고 대체로 요구 사항을 전부 아니면 상당수 관철했다. 공공서비스 노동자들의 파업이 더 빈번하게 벌어졌고 장기화됐다. [그 과정에서 지배계급에게는] 불길하게도 일부는 생산뿐 아니라 분배의 조건에도 관심을 보이기 시작했다(그래서 보건 노동자들은 공공 병원에서 의료비 개인 부담 환자에게* 특혜를 제공하는 것을 거부했다).

그러나 1972년 2월과 1974년 2월 두 차례 승리를 통해 당시 노동자 대투쟁의 틀을 잡고 이 투쟁을 최종 완결한 것은 광원이었다. 1912년 투쟁에서 이루지 못한 것을 마침내 해냈다. 광원들은 1972년 첫 번째 파업으로 정부에 타격을 가해 '길을 잃고 헤매게' 만들었고 1974년 두 번째 파업으로 정부를 무너뜨렸다. 첫 번째 파업 당시 총리는 광원들을 절대로 따로 만나지 않겠다고 버텼지만 결국 굴복하고 총리 관저에서 광원들을 영접해야 했다. 총리는 24시간 만에 지난 24년 동안 양보한 것보다 더 많이 양보했다. 그리고 2년 뒤에 벌어진 광원 파업으로 총리는 주 3일제를** 도입해야 했다. 이 새로운 제도는 정부에 재앙을 안겼다. 보수당은 선거

---

*　정부가 무상으로 제공하는 국민보건서비스NHS를 받지 않고 주치의와 진료 방식을 선택해 의료비를 본인이 부담하는 환자.

**　히스 정부는 1974년 광원 파업에 맞대응해 산업용 전력 공급을 주 3회로 제한했다 — 지은이.

패배라는 대가를 치렀다. 이런 일은 전에는 듣도 보도 못한 일이
었다.[5]

1970년대 초에는 20세기 초반처럼 노동조합이 공식 호소하
는 전국적 파업이 다시 등장했다. 1971년 [부도 위기에 몰린] 어퍼클라
이드조선회사가 전체 노동자 8500명 가운데 2500명을 해고하겠
다고 발표했다. 노동자 전원이 조선소를 점거했고 스코틀랜드 노
동자 20만 명이 연대 파업에 돌입했다. 이 중에 약 8만 명이 어
퍼클라이드조선회사 점거 투쟁을 지지하며 거리 시위에 나섰다.
그러자 스트래스클라이드 주 경찰청장이 총리에게 전화를 걸어
정부가 물러서지 않으면 자신은 클라이드 지역의 치안을 책임질
수 없다고 말했다. 정부는 어퍼클라이드조선회사를 구제했고 조
선소 노동자들을 본받아 200개 공장에서 점거 투쟁이 유행처럼
벌어졌다.

당시 벌어진 파업은 지도부가 공식 호소하기는 했지만 실제로
주도한 것은 현장 조합원이었다. 1965~1968년에 벌어진 파업은
95퍼센트가 비공인 파업이었는데 현장위원들이 이 경험을 통해
얻은 힘과 자신감이 이제 모든 파업(공식이든 비공인이든)의 원
동력이 됐다.

런던 북쪽에 있는 이엔브이[항공기 엔진 제조회사] 공장의 현장위원
회는 이들의 자신감이 어느 정도였는지 생생하게 보여 준다. 이

들은 누가 먼저 관리자를 신경쇠약에 걸리게 할 것인지를 두고 내기라도 한 듯 관리자들을 차례차례 내쫓았다. 현장 조합원들의 자신감은 조직 결성으로도 나타났다. 예를 들어, 1970년 '노동조합 방어를 위한 연락위원회'(공산당과 그 지지자들이 주도한 현장 조합원 조직)가 보수당 정부의 노사관계법에 반대하는 비공인 하루 파업을 호소했고 60만 명이 파업에 들어갔다. 이 밖에도 '런던 항만 연락위원회', '건설 노동자 공동 파업위원회', '전시장 노동자위원회', '런던 판금 노동자 조직' 등이 생겨났다.

1972년 광원 파업은 현장 조합원의 주도력을 보여 준 또 다른 사례다. 당시 현장의 활동가들은 피케팅* 원정대를 조직해 전국을 돌며 발전소와 공장에 석탄이 공급되지 못하게 막았다. 이들은 부문을 넘어 다른 현장 조합원들의 지원을 받을 수 있었다. 이렇게 기층에서 확대된 연대가 파업의 승패를 가른 솔틀리게이츠 전투에서 결정적 구실을 했다. 1972년 2월 초 버밍엄의 솔틀리 창고에는 마지막 코크스가 상당량 비축돼 있었다. 경찰이 내무 장관 레지널드 모들링의 지시에 따라 솔틀리 창고가 영업을 계속할 수 있도록 보호하고 있었다. 당시 반즐리 광원 파업위원회를 지도한 젊은 활동가 아서 스카길이 광원 3000명과 함께 창

---

* 파업 불참자나 대체 인력의 작업장 출입을 막고 파업 참가자의 이탈을 막기 위한 대중적 통제 활동.

고를 봉쇄하려 했지만 실패했다. 광원들은 버밍엄의 조합원들에게 도움을 요청했다. 스카길은 통합금속노조 버밍엄 동부 지구 위원회에서 다음과 같이 연설했다. "우리는 지원금이 필요한 게 아닙니다. 여러분은 두드려 맞는 광원들의 곁을 지키며 버밍엄 노동계급의 역사에 길이 남겠습니까, 아니면 비겁한 사람이 되겠습니까? 파업에 나서십시오. 이것은 부탁이 아니라 요구입니다."[6]

통합금속노조는 투표를 거쳐 파업에 돌입했고 다른 주요 노동조합도 뒤를 이었다. 스카길은 2월 10일 목요일 솔틀리 창고 앞의 상황을 다음과 같이 묘사했다.

광원들은 힘들어했고 육체적으로나 정신적으로나 지칠 대로 지쳐 있었습니다. … 얼마 후 언덕 너머로 현수막이 보였는데 현수막 하나를 따라 그렇게 많은 사람들이 행진하는 것을 본 것은 난생 처음이었습니다. 끝이 보이지 않을 정도로 엄청나게 많은 노동자들이 이곳 솔틀리로 행진해 오고 있었습니다. 함성 소리가 우렁차게 울렸고 반대편 언덕에서도 노동자들이 오고 있었습니다. … 언덕으로 둘러싸인 솔틀리로 오는 길은 모두 5개였는데 모든 방면에서 노동자들이 오고 있었습니다. 우리 광원들은 감동이 복받쳐 날뛰었습니다. 환상적인 광경이었습니다. … 저는 확성기를 들고 구호를 외치기 시작했습니다. "정문을 봉쇄하라! 정문을 봉쇄하라!" 노동자들이 구호를 따라 외치자 마치 관중으로 꽉 찬 축구 경기장에와 있는 듯했습니다. 솔틀리 전역에 구호가 울려 퍼졌습니다. "정문을 봉쇄하라!" 엄청난 구호 소리에 솔틀리가 떠나갈 듯했고 노동자들은 구호에 맞춰 앞으로 나아갔습니다. 경찰은 4열 횡대로 서 있었지만 노동자들을 당해 낼 수 없었고 정문 안쪽으로 밀려났습니다. 버밍엄 경찰청장 캐퍼는 신속히 결정해야 했습니다. 그는 '정문을 닫으라'고 명령했고 창고 안에 있던 경찰들은 부랴부랴 문을 걸어 잠갔습니다. 노동자들은 모자를 하늘 높이 던지며 환호했는데 여러분은 살면서 이런 장면을 본 적이 없을 것입니다. 그곳에 모인 노동자들은 그야말로 열광의 도가니에 빠졌습니다. 버밍엄 노동계급은 사태를 관망하지 않고 참여했기 때문에 함께 기쁨을 나눌 수 있었습니다. 통합금속노조 버밍엄 동부 지구위원회에 속한 노동자는 모두 파업에 들어갔습니다. 그러니까 10만 명이 파업한 것입니다. 굉장한 일이었습니다. 코번트리와 그 밖의 지역에서 출발한 대열은 [우리가 경찰을 밀어붙여 정문을 봉쇄한 후에도] 여전히 솔틀리로 행진해 오고 있었습니다. 솔틀리에 모인 노동자는 2만 명가량이었습니다.[7]

1972년에 보수당 정부의 내무 장관이었던 레지널드 모들링은 자신의 회고록에 다음과 같이 썼다.

당시 버밍엄 경찰청장은 나에게 시위대는 자신의 시신을 넘어야만

… [솔틀리를 봉쇄하는 데 ― 지은이] 성공할 것이라고 장담했다. 솔틀리게이츠 전투가 벌어진 다음 날 나는 그가 괜찮은지 확인하기 위해 그에게 전화를 걸어야 했다! 나는 그의 결정이 현명했다고 생각한다. 파업 참가자가 엄청나게 많았고 감정이 매우 격해지고 있었기 때문에 상대적으로 적은 수의 경찰이 계속 강제로 창고를 열어 두려 했다면 심각한 결과를 낳았을 것이다. 그 후 일부 동료는 나에게 왜 군대를 보내지 않았냐고 물었는데 나는 다음과 같이 한마디로 반문했다. "군대를 투입했다면 실탄을 장전하고 가야 했을까요 아니면 빈총으로 가야 했을까요?" 어느 경우라도 재앙을 낳았을 것이다.[8]

당시 히스의 참모였고 나중에 보수당 정부의 장관이 된 더글러스 허드는 솔틀리게이츠 전투 후 다음과 같이 일기를 썼다. "정부는 이제 항복할 상대를 찾아 정처 없이 전장을 떠도는 패잔병 신세가 돼 버렸다."[9] 광원들은 요구 사항을 쟁취했다. 솔틀리게이츠 전투는 역사적 승리를 거뒀다. 이 승리는 현장 조합원들의 전투성 덕분이었지 조 곰리를 필두로 한 광원노조 우파 지도부의 공이 아니었다.

1972년의 또 다른 절정인 펜턴빌 5인 석방 투쟁에서도 마찬가지였다. 항만 노동자들은 컨테이너 수송 확산으로 줄어드는 일자리를 방어하기 위해 운수일반노조 사무총장이던 좌파 지도자

잭 존스의 요구를 무시하고 비공인 파업을 벌였다. 이것은 보수당 정부가 도입한 노사관계법을 거스르는 것이었다. 7월 21일 항만노조 현장위원 5명이 노사관계법 위반 혐의로 감옥에 갔다. 항만 노동자들은 현장위원들이 갇혀 있는 펜턴빌 교도소로 행진했고 구속 동지 석방을 위해 다른 산업의 노동자들에게 연대 파업을 호소했다. 중앙 일간지 인쇄 노동자, 셰필드 금속 노동자, 히스로 공항 노동자, 런던 버스 노동자, 트럭 노동자가 호소에 응답해 파업에 나섰다. 통합금속노조는 하루 파업을 선언했다. 7월 26일 노총 중앙집행위원회는 마지못해 하루 총파업을 벌이기로 결정했다. 노총이 총파업을 결정한 바로 그날 한 정부 변호사가 상원을 설득해 펜턴빌 5인을 석방하도록 했다. 노동자들의 경제적 힘이 노사관계법을 무력화했다.

광원과 항만 노동자가 승리하자 지배계급의 공포심이 커졌다. 1972년 6월 〈파이낸셜 타임스〉는 총파업 가능성을 검토하며 다음과 같이 논평했다. "양대 진영[노동계급과 자본가계급]의 지도자들은 대부분 [총파업이라는] '간단한' 해결책이 문제를 해결하기는커녕 어쩌면 1688년[명예혁명] 이후 가장 크게 나라를 분열시킬 것이고 이 싸움에서 누가 이기든 엉망진창이 된 상황을 정리하는 데 수세대가 걸릴 것임을 깨닫고 있다."[10] 1973년에서 1974년으로 이어지는 겨울 지배계급은 점점 자신감을 잃었다. 토니 벤은 영국 경제인연합회가 주최한 노동당 지도자 초청 만찬회에 다녀와서 연합회가 "매우 침울해 보였다"고 일기에 적었다. 1973년 12월 유력 기업가 한 명은 토니 벤에게 다음과 같이 말했다. "우리는 경기 불황에 빠져들고 있고 식량 폭동을 목도하고 있습니다. 거국내각이 필요합니다."[11] 비슷한 시기에 보수당 정부의 장관 존 데이비스는 가족에게 이번 크리스마스가 함께 모이는 마지막 자리가 될 수 있으니 즐겁게 보내자고 말하고 있었다. 히스 정부는 1974년 2월에 벌어진 두 번째 광원 파업을 끝으로 막을 내렸다. 광원들은 히스 정부를 무너뜨렸지만 정권을 물려받은 노동당은 영국 자본주의 구출 작전에 나섰다.

1970년대 초 현장 조합원 조직의 힘과 전투성은 정치적 진공 상태에서 발전한 것이 아니었다. 공산당이 여러 노동조합과 산업의 활동가들을 결합하는 정치적 접합제 구실을 했다(그때까지만 해도 공산당은 당원이 2만 명이 넘었고 산업 투쟁에서 상당한 영향력을 행사했다). 공산당은 투쟁의 전통이 있는 지역(예를 들어 사우스웨일스·스코틀랜드·요크셔 탄광)에서 핵심적 구실을 했다. 주요 좌파 활동가들은 대부분 한때나마 공산당원이었다(아서 스카길처럼 얼마 후 탈당했지만 말이다). 공산당은 좌파 활동가를 대상으로 정치 교육을 진행했다. 지역에서 활동하는 좌파 현장위원들은 대체로 공산당원이었고 정기적으로 만나 정치와 전략을 토론하고 공동 행동을 조직했다. 1967년 스카길이 건설한 반즐리 광원 포럼과 1967년 통합금속노조 위원장에 당

선한 휴 스캔런의 지지 기반이던 맨체스터 금속 노동자 범좌파 모임이 그런 예다.[12]

그러나 산업 부문에서 공산당이 추진한 전략의 주요 목표는 전국적 현장 조합원 운동을 건설하는 것이 아니라 좌파 노조 지도부를 세우는 것이었다. 공산당은 당원이 5만 5000명으로 가장 많았던 1945년에 이미 작업장 분회를 해산했다. 1951년에는 《사회주의로 가는 영국식 길》을 강령으로 채택했고 이를 바탕으로 노동당 좌파가 집권하도록 도우면서 의회를 통한 변화를 추구했다. 노동조합에서는 이 강령에 따라 공산당과 그 동맹자인 노동당 좌파가 지도부에 당선하도록 돕는 선거 연합, 즉 범좌파 연합을 건설했다. 1960년대 말 '무시무시한 쌍둥이'라 불린 좌파 지도자 존스와 스캔런이 핵심 산별노조인 운수일반노조와 통합 금속노조의 지도부에 당선하자 이런 전략은 성공을 거두는 것처럼 보였다. 그러나 그 결과 공산당은 점점 더 좌파 노조 지도부와 충돌하는 것을 주저하게 됐다. 그래서 공산당이 노동조합 통제 법률에 저항하고자 결성한 '노동조합 방어를 위한 연락위원회'는 1969년 노동당 정부의 정책에 맞서 두 차례 대규모 비공인 파업을 벌였고 1970~1971년에도 두 차례 파업을 조직했지만, 1972~1974년 훨씬 대규모로 벌어진 투쟁에서는 현장 활동가들을 연결하려는 진지한 노력을 전혀 하지 않았다.

05

1974~1989년의 패배기

세계경제가 1930년대 이후 처음으로 심각한 위기에 빠져들기 시작한 1974년 3월 노동당이 4년 만에 다시 집권했다. 히스 정부와 보수당의 임금정책을 무너뜨린 폭발적 임금 인상 투쟁은 그동안 전투적으로 여겨지지 않던 노동자들(예컨대 교사, 공무원, 보건 노동자 등)이 참여했다는 점에서 특히 중요했다. 금융시장이 요동치자 노동당 정부는 필사적으로 영국 자본주의의 안정을 회복하려 했다. 1975년 6월 노동당 정부는 엄격한 임금통제 정책을 도입했다. 노동당 정부의 임금통제는 노동조합 지도자들, 특히 '무시무시한 쌍둥이'라 불린 존스와 스캔런이 지원했기 때문에 가능했다.

보수당 집권기에 노동자들은 "보수당은 물러나라"는 간단명료

한 구호를 내걸고 저항했다. 그러나 노동당이 집권하자 상황이 그리 간단하지 않았다. 노동자들은 '자신'의 당인 노동당이 자신들의 처지를 개선해 줄 것이라 기대했고 잠시 동안은 기꺼이 희생을 감수하려 했다. 노동당이 어떤 정책을 추진하는 데는 나름의 이유가 있을 것이고 노동자에게 도움이 될 것이라 믿으면서 말이다. 이런 믿음 때문에 노동당이 노동계급을 공격하는 정책을 도입하자 노동운동은 방향을 잃었고 어떻게 맞서 싸워야 할지 전혀 감을 잡지 못했다. 노총은 노동당 정부와 맺은 사회협약을 빌미로 (히스 정부를 무너뜨린) 전투적 임금 인상 투쟁을 자제시켰다. 단기적으로 이는 성공을 거뒀다. 파업이 잦아들고 실질임금도 하락했다. 실업자도 급증했다.

장기적으로는 현장에서도 질적 변화가 일어나 노동조합 지도자들이 더 손쉽게 현장을 통제했다.[1] 첫째, 현장위원들은 자신의 가장 기본적 임무였던 임금률* 협상 권한을 잃었다. 1960~1970년대에는 전국 단위에서 기본임금 협상을 벌인 후 회사별로, 심지어 각 공장별로 추가 협상(성과급, 상여금 등)을 하는 것이 대세였는데 이제 시간급제가 도입됐다. 예를 들어, 레일랜드자동차에서 일하는 비슷한 직급의 노동자는 [전국적으로 정해진 임금률에 따라] 모

---

*   임금 산정의 기준이 되는 단가. 개수임금제(생산량에 따른 임금체계)라면 생산물당 임금 단가가, 시간급제라면 시급이 임금률이다.

두 같은 임금률을 적용받고 개별 공장은커녕 회사와도 추가 협상을 통해 임금을 인상할 수 없게 됐다. 같은 기간에 현장위원회 소집자와 선임 현장위원을 전임자로 만들어 1970년대 말에는 그 수가 7000명을 넘었고 상근 간부의 두세 배에 달했다. 그 결과 현장 조직 안에서도 조합원과 괴리된 현장위원들이 생겨나면서 노동조합 관료주의가 현장으로 확대됐다.

둘째, 1960년대 말과 1970년대 초 정치의식이 가장 높은 활동가들이 기대를 건 전략, 즉 범좌파 연합을 건설해 노동조합 지도권을 잡는 전략은 [좌파 지도자인] 존스와 스캔런의 배신으로 완전히 잘못됐음이 드러났다. 공산당은 1970년대 말까지 꾸준히 우경화했고 마틴 자크(현재는 〈인디펜던트〉의 부편집자다)가 편집하는 〈마르크시즘 투데이〉를 중심으로 한 분파는 갈수록 계급정치라는 사상 자체를 노골적으로 반대했다. 이런 정치적 타락과 함께 공산당의 노동계급 기반이 지속적으로 축소됐다. 그래서 투사들은 자신들의 주요한 조직적 기구를 잃었다.

셋째, 그때까지의 투쟁에서 현장위원들의 정치는 잘해야 좌파 개혁주의였다. 1970년대 중반 심각한 경제 위기가 닥치자 좌파 개혁주의는 더는 유효하지 않았다. 장기 호황기에 노동자들은 회사의 이윤이 높아야 노동자도 잘살 수 있다는 등의 생각을 해도 사용자에게서 높은 임금 인상을 얻어 낼 수 있었다. 그런데 이윤이 줄고 동료들이 해고되는 상황에서는 어떻게 해야 하는 것일까?

많은 지도적 현장위원은 임금 삭감과 노동조건 후퇴를 감수하더라도 회사가 잘 운영될 수 있도록 도와야 한다는 결론을 내렸다. 스캔런과 존스가 영국 자본주의를 구원하려는 노동당 정부를 도왔듯이 말이다. 그래서 1977년 브리티시레일랜드[레일랜드 자동차의 후신]의 정비 노동자들이 노동당 정부의 임금정책에 반대해 투쟁을 벌였지만 데릭 로빈슨(공산당원이자 버밍엄에 있는 브리티시레일랜드 롱브리지 공장 현장위원회 소집자였다)은 이 투쟁이 전면파업으로 나아가지 못하도록 막는 데 결정적 구실을 했다.[2] 한 달 후 포트탤벗에 있는 철강 공장에서 [전기·전자·통신·배관공노조의 조합원인] 전기 기사들이 파업을 벌였는데 그 공장의 다른 노동조합[통합금속노조, 운수일반노조 등] 지도부는 자신의 조합원들에게 피켓라인을 넘어가라고 지시했다.[*] 그해 4월 런던 히스로 공항에서도 통합금속노조 조합원 5000명이 파업에 들어갔는데 [운수일반노조, 전국일반·지방자치단체노조, 전기·전자·통신·배관공노조 지도부는] 소속 조합원 5만 4000명에게 마찬가지로 명령했고 파업은 패배했다.

즉, 노동자 운동은 조직적·이데올로기적 위기와 지도력의 위기까지 3중의 위기를 겪고 있었다.[3] 이런 시류를 거슬러 활동하려는 사람들이 있었다. 사회주의노동자당SWP의 전신인 국제사회주의자들IS은 1970년대 초 투쟁을 거치며 급성장했다. 특히 점점

---

[*]   피켓라인을 넘는다는 것은 파업을 사실상 무력화하는 파업 파괴 행위다.

더 소심해지는 공산당과 노동조합 좌파 지도자들에게 불만을 느낀 현장위원이 많이 가입했다. 1974년 9월 국제사회주의자들은 회원이 4000여 명으로 늘었고 40개 공장에서 지부를 건설했다. 국제사회주의자들이 노동자 운동에서 이렇게 영향력을 확대할 수 있었던 것은 기존 현장위원회를 토대로 투사들을 결집하거나 현장위원회가 없는 병원 등에서 투사들의 네트워크를 건설하기 위해 현장 조합원 신문을 발행했기 때문이다(표2 참고).

1974년 3월 국제사회주의자들은 다양한 산업의 활동가들을 결속하고 노동조합 지도부에 독립적인(이 점이 공산당과 범좌파 전략과 달랐다) 전국적 현장 조합원 운동을 건설하기 위한 첫발을 내디뎠다. 전국현장조합원조직위원회가 건설됐고 세 차례(1974년에 두 번, 1977년에 한 번) 대표자 협의회가 열렸다. 1977년에 열린 협의회에는 251개 노동조합에서 대표자 522명이 참가해 상당한 지지가 있음이 드러났다. 그러나 이런 노력은 결국 성공을 거두지 못했다.

이것은 부분적으로 당시 국제사회주의자들의 노동운동 기반이 여전히 공산당보다 훨씬 협소한 데다 1973~1974년 사측의 활동가 해고 공세에 자동차 공장의 핵심 지부가 여러 개 와해되면서 순식간에 기반이 약화됐기 때문이다. 그러나 더 근본적으로는 국제사회주의자들이 주도한 현장 조합원 운동이 세력균형의 추가 사용자 쪽으로 막 기울기 시작한 시기에 건설됐기 때문이다. 현장 조직이 서서히 무너지면서 국제사회주의자들이 주도한 현장 조합원 운동은 잠재적 기반을 잃었다. 1980년대 초 몇몇 노조에서 명맥을 이어 가던 현장 조직은 범좌파 연합과 별반 다르지 않은 선거 연합으로 전락했고 사회주의노동자당은 현장 조직을 해산하기로 결정했다. 전국적 현장 조합원 운동을 건설

표2. 현장 조합원 신문(1973년 3월 기준)

신문 이름	발행 호수	발행 부수	판매 비율(%)
〈자동차 노동자〉	9	6,000	45
〈광원〉	6	5,000	33
〈병원 노동자〉	7	6,000	60
〈정거장〉(버스 노동자)	3	3,000	50
〈섬유 노동자〉	1	1,500	통계 없음
〈케이스 콘〉(사회복지 노동자)	4	5,000	95
〈언론 노동자 헌장〉	4	2,000	60
〈공무원 활동 소식〉	8	6,000	98
〈현장 교사〉	13	10,000	42
〈레더 테이프〉(공공서비스 노동자)	4	3,000	57
〈스코틀랜드 현장 조합원〉	3	2,000	15
〈전문대 강사〉	4	2,000	30
〈항만 노동자〉	12	5,000	99
〈GEC* 현장 조합원〉	5	8,000	60
〈건설 노동자〉	6	20,000	27
〈전기 기술자〉	3	2,000	15

* General Electric Company. 영국 최대의 전기·전자 회사였다.

하려는 시도가 실패한 것은 1974~1979년 노동당 집권기에 계급 세력균형이 자본가에게 상당히 기울었음을 보여 주는 작은 징표였다. 그렇다고 파업이나 전투적 산업 행동이 끝난 것은 아니었다. 1977년에 존스와 스캔런은 노동당 정부의 임금정책에 반대하는 투쟁을 억제하고 분쇄할 수 있었지만 1978년 말에는 지도부의 통제가 먹히지 않았다. '불만의 겨울'(포드자동차 노동자, 화물 노동자, 광범한 공공 부문 노동자가 참가한 거대한 파업 물결)은 마침내 사회협약을 파기했다. 노동당 정부는 그 뒤 몇 달 동안 휘청거리다가 1979년 5월 선거에서 패배해 권좌에서 내려왔다.

마거릿 대처가 이끄는 새 보수당 정부는 1970년대 초 지배계급이 노동자들에게 당한 패배를 만회하는 것을 목표로 삼았다. 처음에 대처는 노동운동의 핵심 부문을 하나씩 고립시켜 격퇴하는 전략을 추구하며 신중하게 움직였고 노동조합 통제 법률도 조금씩 순차적으로 도입했다. 보수당이 야당이던 1978년에 니컬러스 리들리가* 제출한 보고서를 기반으로 한 이 전략은 1980년 철강 노동자, 1982년 보건 노동자, 1984~1985년 광원, 1985~1986년 〈뉴스인터내셔널〉 인쇄 노동자, 1989년 항만 노동

---

*   자유 시장 만능주의를 표방하는 셀스던 그룹의 의장. 대처 정부의 재무부, 환경부 등에서 장관을 지냈고 거대한 반발을 불러온 주민세를 발의하기도 했다.

자 등과 계속 충돌을 낳았다.[4]

　지배계급은 결과적으로 모든 전투에서 승리했지만 그 과정에서 힘겹게 싸워야 했다. 보수적 집단이던 철강 노동자는 1926년 이후 처음으로 전국적 파업을 벌였고 강력한 대규모 피케팅을 조직했다. 탄광 지역의 남녀 노동자와 그 가족은 1984년부터 1년 동안 영웅적 파업을 벌여 영국 노동운동 역사에 감동적 기록을 남겼다. 광원 파업 기간 광원들이 승리에 다가간 순간도 있었는데, 노동자들이 셰필드 근처의 오그리브 창고에서 코크스 공급을 막기 위해 대규모 피케팅을 두 차례 시도하려 했을 때와 정부의 파업 파괴 행위에 반대해 1984년 7월 항만 노동자들이 잠깐 동안 전국적 파업을 벌였을 때가 바로 그 순간이었다. 파업이 끝난 후 당시 중앙전력공사 사장 월터 마셜은 1984년 가을에 발전소의 코크스 비축량이 위험한 수준까지 떨어졌다고 시인했다.

　보수당 정부는 피케팅을 파괴하기 위해 경찰을 대대적으로 동원했다. 그러나 이것이 파업이 패배한 결정적 요인은 아니었다. 광원노조의 지역 지도부가 효과적인 대규모 피케팅을 가로막았고 솔틀리의 위대한 승리를 재현할 잠재력(특히 오그리브에서)을 날려 버렸다. 스카길(이제 더는 현장 조합원 활동가가 아니었고 1981년부터 광원노조 위원장이었다)은 파업이 승리하는 데 필요했던 전술을 거부해 그 자신도 노동조합 기구의 포로임을 드러냈다. 노총과 노동당 지도부는 광원들을 홀로 싸우게 남겨 뒤 1926년 지도부에 맞먹는 불명예를 얻었다.[5] 이 시기에 벌어진 여러 중요한 투쟁에서 똑같은 현상이 반복됐다. 노동조합 관료는 마지못해 행동에 나설 때조차 보수당 정부처럼 단호하고 가차 없이 투쟁에 임하지 않았다.

그러나 1980년대의 패배에는 더 중요한 문제가 있었다. 1970년대 초에도 노동조합 지도자들은 머뭇거렸지만 현장 조합원들이 승리를 일궈 냈다. 그러나 1974~1979년 노동당 정부가 추진한 사회협약 때문에 이런 현장 조합원 조직이 심각하게 약화됐다. 그래서 광원노조의 지부와 지회 간부들은 점점 전임 상근자로 변했고 각 노동조합 지부는 1977년 당시 노동당 정부 에너지부 장관 토니 벤이 밀어붙인 탄전炭田별 인센티브 제도* 때문에 분열돼 있었다. 이것이 상당수 노팅엄셔 광원(토니 벤의 인센티브 제도 때문에 대다수 지역의 광원보다 높은 임금을 받았다)이 1984~1985년 파업 파괴 행위에 나선 핵심 요인이었다.

현장위원회가 약화되자 부문을 넘어선 노동자의 연대 행동을 이끌어 내기가 훨씬 어려워졌다. 스카길은 1972년 다음과 같이 지적했다. "솔틀리를 봉쇄한 것은 [광원들만의 ─ 지은이] 피케팅이 아니라 … 노동계급의 연대 행동이었다." 오그리브에서도 광원들은

---

* 탄전별로 생산성에 따라 성과급을 지급하는 제도. 두 차례에 걸친 조합원 총투표에서 부결됐으나 노동당 정부와 광원노조 지도부가 강제로 밀어붙이면서 광원노조 내 엄청난 분열을 낳았다.

대규모 피케팅을 벌였다. 솔틀리게이츠 전투 때와 마찬가지로 오그리브 근처의 셰필드에는 전통적으로 전투적이고 좌파 정치를 지지하던 금속 노동자들이 대거 밀집해 있었다. 그러나 이번에 금속 노동자들은 파업을 벌이지도, 거리를 온통 행진 대열로 뒤덮으며 피케팅에 동참하지도 않았다. 계속되는 직장 폐쇄와 정리해고 때문에 셰필드의 금속 노동자들은 위축되고 자신감을 잃었다. 토니 클리프가 지적한 것처럼 "자기 작업장에서 투쟁할 자신감이 없는 노동자들에게 연대 파업을 기대할 수 없는 노릇이다."[6]

힘의 균형이 노동계급에서 자본가계급으로 기울었을 뿐 아니라 현장 조합원에서 노조 관료로 기울었다. 이제 자신감에 찬 현장 조합원들의 압력을 받지 않게 된 상근 간부들은 번번이 투쟁을 패배로 이끌었다. 노총은 파업이 더는 쓸모없다는 '신현실주의'를 자신 있게 주장했고 닐 키넉의 노동당 우경화 시도를 지지했다. 특히 광원 파업이 패배로 끝나자 전투적 노동조합운동은 과거지사라고 떠들었다. 그런데 정말 그럴까?

06

오늘날의 과제

1990년대 중반 영국의 노동운동은 과도기를 거치고 있다. 1970년대 말과 1980년대의 오랜 침체기가 끝났다는 징후가 곳곳에서 나타나고 있다. 현장의 조직은 이 패배기를 거치며 약해졌지만 1장에서 살펴봤듯이 빠르게 힘을 회복하고 있다. 현장위원과 작업장 대표자는 여전히 30만 명이나 된다(이들과 현장 조합원의 관계가 대체로 1960년대와 1970년대 초만큼 긴밀하지 않지만 말이다). 동시에 노동자들은 아직 사용자에 맞서 공세적으로 행동할 만큼 자신감이 충분히 높지는 않다. 상근 간부들이 계속해서 현장을 빈틈없이 통제한다는 점이 이것을 가장 분명하게 보여 준다.

지난 몇 년 동안 벌어진 투쟁을 보면 계급투쟁의 특징이 어떻게 변하고 있는지 알 수 있다. 1994년 말 철도 신호 노동자 파업을 예로 들어 보자. 우선 정부와 사용자가 있는 힘을 다해 공격했지만 노동자들은 매우 단호하게 싸웠다. 전체 노동자 4600명 가운데 파업 불참자는 70명뿐이었다. 파업 기간에 400명이 노동조합에 가입했고, 8.7퍼센트의 임금 인상을 쟁취했고, 노동시간을 줄이고 휴가를 늘렸다. 1982년 파업 돌입 불과 몇 시간 만에 수치스럽게 패배한 기관사 파업과는 영 딴판이다. 그러나 1994년 신호 노동자 파업은 여전히 노동조합 관료의 철저한 통제 아래 진행됐다. 노조 관료는 철도의 다른 분야에서 일하는 노동자에게 파업에 나서라고 호소하지 않았고 하루 이틀에 그치지 말고 무기한 전면파업에 나서자는 요구를 간단하게 묵살했다.

신호 노동자 파업의 여파로 [사용자들은 각자 자신의 작업장 노동자를 단속하기 위해 양보안을 내놓았다.] 로버자동차는 2년에 걸쳐 임금을 10퍼센트 인상하겠다고 제안했다. 노동조합 지도부는 회사의 안을 받아들이자고 조합원들을 힘겹게 설득했고 51퍼센트가 찬성해 간신히 절반을 넘겼다.

그러나 노동운동의 회복 조짐과 대조되는 상황도 펼쳐지고 있다. 운수일반노조 지도부가 합의한 협상안을 보면 지자체 공무원 노동자는 1994~1995년과 1995~1996년에 각각 상여금 100파운드와 겨우 1.5퍼센트와 1.4퍼센트 인상된 임금을 받게 된다. 비공인 파업을 살펴봐도 마찬가지로 엇갈리는 상황을 볼 수 있는데, 한 걸음 전진하는가 하면 두 걸음 후퇴하는 식이다.

좋은 소식은 비공인 파업이 되살아나고 있다는 것이다. 예를 들어, 지난 몇 년 동안 우체국 노동자들이 여러 차례 비공인 파업을 벌였다. 1990년 11월 옥스퍼드 우체국 노동자 700명(이 중 85퍼센트가 남성이었다)이 관리자가 흑인 여성 청소 노동자를 괴롭히는 것에 항의해 비공인 '불법' 파업에 나섰다. 애빙던, 월링퍼드, 키틀링턴, 카울리, 헤들링턴, 노샘프턴, 스윈던 우체국에서 연대 행동이 벌어졌다. 1994년에는 밀턴킨스 우체국 노동자 수백 명이 파업을 벌이자 버킹엄셔 주 각지의 우체국 노동자 3만 명이 연대 파업에 돌입했다. 그해 리버풀 우체국 노동자 한 명은 자신의 언어장애를 조롱한 관리자를 폭행했지만 동료 노동자 2000명이 그를 방어하며 파업을 벌인 덕분에 해고되지 않았다. 1995년 초에는 런던 북서부의 우체국 노동자 150명이 해고 위협에 처하자 비공인 파업이 벌어졌고 다른 우체국 노동자들이 불법을 감수하고 연대 파업에 나서 사실상 런던 전역의 우편 업무가 마비됐다. 그 밖에도 세프턴 지자체 노동자들은 지자체가 제공하는 서비스를 민영화하려는 법원과 이를 묵인한 노동조합 지도부를 거슬러 비공인 파업을 벌여 승리했다.

그러나 나쁜 소식도 있다. 비공인 파업은 대체로 단기간에 끝나는데 이것은 협상을 강요하며 끼어드는 노동조합 관료에 맞설 단단한 현장 조직이 없거나 자신감이 충분하지 않기 때문이다

(지도부가 제시하는 협상안이 매우 보잘것없을 때조차 말이다). 종합적으로 보면 비공인 파업은 대략 전체 파업의 5퍼센트로 여전히 드물다. 그래서 노동운동이 부활하고 있는 것은 분명하지만 계급투쟁의 전반적 양상을 바꿀 만큼 충분히 강력하지는 않다.

이런 상황이 무한정 지속될 것 같지는 않다. 과거의 경험을 보면 오랜 침체기 동안 쌓여 온 불만이 머지않아 폭발적 투쟁으로 터져 나올 것임을 짐작할 수 있다. 1930년대 중반의 사례를 보면 투쟁이 새롭게 떠오르는 과정이 다양함을 알 수 있다. 투쟁은 영국과 미국처럼 주로 경제적 요인에서 비롯할 수 있다. 즉, 실업률 감소로 노동자들의 협상력과 자신감이 높아질 수 있다. 또 1968년 프랑스처럼 정치 위기가 깊어져 노동자들이 싸울 수 있다는 자신감을 얻을 수 있다. 1990년대 주요 서유럽 국가에서 발생한 전반적 정치 위기로 노동자 투쟁이 분출하기에 좋은 조건이 만들어질 수 있다.[1]

어떤 경로가 됐든 투쟁이 상승하면 현장위원회에 새로운 활력이 생겨날 것이다. 현장위원들이 노동조합의 근본적 모순에서 자유로울 수는 없다. 즉, 자본주의 테두리 안에서 착취에 맞선 저항을 조직한다는 모순에서 자유롭지 않고, 이 때문에 가장 전투적인 노동자조차 부문주의와 개혁주의로 빠지기 쉽다. 현장위원들은 현장 조합원을 통제하고 심지어 길들이는 '불만 관리자'처럼 행동하라는 압력을 끊임없이 받는다. 1980년대와 1990년대 초 현장위원들은 생산성 향상을 요구하는 사용자에게 협력해야 할지 논의했는데 로버자동차 현장위원회 소집자는 다음과 같이 시인했다.

우리는 로버자동차가 성공하기를 원했기 때문에 사측에 협력하기로 했다. 그러나 이 결정은 우리[선임 현장위원 ― 지은이]와 조합원 사이의 갈등을 유발했고 조합원들은 우리를 사측과 한통속으로 여겼다.[2]

그러나 전임 현장위원회 소집자가 늘어났더라도 현장위원회는 현장 조합원의 압력에 민감할 가능성이 높다는 점에서 공식 노동조합 기구와 여전히 질적으로 다르다. 전임 현장위원도 보통 정기적 선출 과정을 거쳐야 한다. 또 쉽게 해고될 수 있고 공장이 문을 닫으면 [전임 노동조합 관료와 달리] 일자리를 잃는다. 공산당원이자 롱브리지 공장 현장위원회 소집자 데릭 로빈슨은 1974~1979년 노동당 정부 시절 조합원들의 불만을 억누르는 데 핵심적 구실을 했다. 그러나 보수당이 집권하자 무정한 새 경영자 마이클 에드워즈는 로빈슨을 해고했다.

대다수 현장위원과 현장 대표자는 실질적 특혜를 누리지 않는다. 오히려 (흔히 매우 힘든 상황에서도) 기층의 노동조합 조직을 결속하고 유지해야 한다. 이들은 노동자 투쟁이 어떤 규모로 부활하든 핵심적 구실을 할 것이다.

현장 조직은 매우 부패하고 타락했을지라도 현장 조합원들이 나서면 상대적으로 쉽게 복구할 수 있다. 전투성이 부활하면 십중팔구 노동자들은 기존 현장위원회와 충돌하거나 심지어 그것을 뛰어넘을 것이다. 그러나 장기적으로 보면 현장위원회가 복구될 것이다. 역사적 경험을 보면 현장 조합원 조직을 재건하는 데 사회주의 활동가가 핵심적 구실을 할 것임을 알 수 있다. 리처드 크라우처는 1930~1940년대 금속 노동자 운동을 연구한 글에서 공산당 활동가들이 현장 조합원 운동에서 얼마나 중요한 구실을 했는지 강조하며 다음과 같이 설명한다.

1930년대 공산당 소속 현장위원들은 … 현장위원회 소집자, 선임 현장위원 등을 맡으면서 현장의 운동을 이끄는 아주 중요한 사람이 됐다. 이들이 이렇게 할 수 있었던 한 가지 이유는 공산당 활동가들이 현장위원회를 체계적으로 건설하면서 유능함을 증명했기 때문이다. 공산당 활동가들은 약삭빠른 자들이 몸을 사리며 마다한 일들을 기꺼이 했고 그 과정에서 신뢰를 쌓았다. 또 다른 이유는 현장위원회가 매우 '개방적'이었기 때문이다. … 많은 공장에서 자원만 하면 누구나 현장위원회 소집자를 맡을 수 있었다. 좌파 활동가들은 현장위원회에 '침투'한 것이 아니라 현장위원회 지도부로 활동하면서 현장위원회와 함께 성장했다.[3]

거의 비슷한 시기인 1934년 미국의 소규모 트로츠키주의 단체 공산주의자동맹은 미니애폴리스 지역 트럭 노동자들이 벌인 대규모 파업에서 지도적 구실을 할 수 있었다. 이 파업은 1936~1937년 미국에서 조합원이 대폭 증가하는 데 핵심적 기여를 했다.[4]

1990년대의 투쟁 속에서 등장하는 현장 조합원 운동은 이전 시기의 현장 조합원 운동과 동일하지 않을 것이다. 노동계급은 여러 세대를 거치며 변했다. 쇠퇴한 산업이 있는가 하면 성장한 산업도 있다. 임금노동에서 여성이 하는 구실은 과거에 비해 훨씬 더 중요해졌다. 그렇지만 역사적 경험이 남긴 핵심적 교훈은 오늘날에도 여전히 유효하고, 그 가운데 가장 중요한 교훈은 사회주의 조직의 구실이다. 지난 경험을 보면 혁명적 사회주의자들이 주도할 때만 전국적 현장 조합원 운동이 건설될 수 있음을 알 수 있다. 이 운동의 강령 자체는 주로 간단한 노동조합적 요구로 이뤄질 수 있다. 게다가 이 운동이 승리하려면 정치적 경향을 막론하고 이 요구를 지지하는 노동자를 모두 단결시켜야 한다. 그러나 그 지도는 혁명가가 맡아야 한다. 혁명가만이 사용자에 반대하는 분명한 견해를 제공할 수 있고 국가와 노동조합 지도부에 독립적 태도를 견지할 수 있다. 좌파 개혁주의자조차 국가에 의존하고 노동조합 지도부나 지배계급과 타협을 추구한 전력이 있다.[5]

전국적 현장 조합원 운동을 건설하는 문제는 미래, 즉 노동자 투쟁으로 현장위원회가 복구·강화·확대된 시기의 과제다. 그렇다면 사회주의자들은 지금 이 순간 전국적 현장 조합원 운동의 기반을 다지기 위해 무엇을 해야 할까? 다음 네 가지 핵심 사항을 유념해야 한다.

1. 강력한 부문 조직 건설하기

힘 있는 노동조합은 모두 작업장 기반이 탄탄하다. 1950~1960년대 현장위원회가 가장 강력했는데 현장이 잘 조직된 덕분에 각 부문의 노동자들은 함께 싸울 수 있다는 자신감과 연대 의식이 높았다. 현장위원들의 영향력은 바로 여기에 기반을 뒀다.

1960년대 말과 1970년대 개수임금제가 점차 사라지[고 고정급으로 대체되]면서 부문 조직의 힘이 약화됐다[85~86쪽 참조]. 역설이게도 최근 몇 년 동안 보수당 정부와 사용자들이 전국적 임금 협상을 공격하자 부문 조직을 재건할 수 있는 토대가 마련되고 있다. 1994년 9월 정부가 실시한 '연간 소득 조사'를 보면 공공 부문과 민간 부문에서 모두 보수당 재무 장관 케네스 클라크가 정한 상한선 1.5퍼센트를 훌쩍 뛰어넘는 임금 인상안이 타결됐다. 〈파이낸셜 타임스〉는 다음과 같이 썼다. "지역 차원에서 진행하는 임금 협상으로 임금이 인상되고 있고 개별 작업장의 임금은 전국적 교섭으로 합의한 임금 인상률보다 매우 높게 상승하고 있다."[6]

전국적 교섭으로 합의한 인상률을 웃도는 임금 인상은 노동자들의 협상력이 높아졌다는 신호다. 작업장에서 활동하는 사회주의자는 높아진 협상력을 활용해 강력한 조직을 건설하려는 사람들의 선두에 서야 한다.

2. 연대를 조직하기

부문 조직은 자연스레 부문주의에 빠질 수 있고 다른 부문 노동자들의 어려운 처지를 외면할 수 있다. 1970년대 중반 투쟁이 침체한 주요 원인 하나는 부문을 넘어선 노동자 연대가 약화된 것이었다. 이것의 가장 큰 책임은 노동조합 관료에게 있다. 1977년 봄 포트탤벗에 있는 철강 공장의 전기 기사와 히스로 공항의 정비 노동자들이 파업에 나섰지만, 다른 부문 노동조합 지도자들은 소속 조합원들에게 피켓라인을 넘어가라고 지시했다. 보수당 정부는 연대 행동(파업에 직접 연관되지 않은 노동자가 피케팅에 나서는 것)을 불법화해서 노조 관료들의 이런 경향을 강화하려 했다. 영국 노총은 이를 핑계로 1984~1985년 광원들의 영웅적 파업에 연대 행동을 조직하지 않고 홀로 싸우게 방치했다.[7]

그렇다고 1980년대에 노동자 연대가 전무했던 것은 아니다. 그렇기는커녕 광원들의 영웅적 파업은 적잖은 사람들에게 매우 강력한 지지를 받았다. 파업이 지속되면서 광원들을 지원하는 모임이 영국 전역에서 생겨 서로 긴밀하게 협력했고 광원과 그 가족이 계속 투쟁할 수 있도록 후원금을 모금하고 생필품을 지원했다. 여러 노동조합 지부가 탄광 지역과 자매결연을 맺기도 했다.[8] 1994년 철도 신호 노동자 파업 당시 일반 대중과 조직 노동자가 보여 준 연대 행동도 매우 인상적이었다. 이런 연대 행동 덕분에 신호 노동자들을 위한 모금 활동이 매우 수월했다. 노동당 좌파가 쇠퇴해 주로 사회주의노동자당과 그 지지자들만 참여했는데도 말이다.

사회주의자들은 연대의 전통을 강화하기 위해 꾸준히 노력해야 한다. 파업 노동자들을 위한 모금 활동을 벌이고 파업 노동자들의 대표자와 함께 다른 작업장과 노동조합을 방문해 연대를 호소하며 부문을 넘어선 단결을 재건할 수 있도록 해야 한다. 연대 의식은 산업 투쟁에 대한 지지 활동을 통해서만 발전하는 것이 아니다. 폭넓은 정치 쟁점도 연대의 전통을 발전시키는 데 중요할 수 있다. 1936~1939년 스페인 내전은 당시 좌파에게 핵심 쟁점이었다. 수많은 사회주의 노동자가 공화파의 대의를 지지해 결집했고 사우스웨일스 탄광 지역의 노동자 등 상당수는 스페인으로 건너가 국제의용군에 자원했다. 오늘날 반나치동맹ANL

이나 [사회통제 강화에 맞서 싸우는] 형사처벌법반대연합을 지지하는 것은 특정 부문의 노동자들에게 그들이 혼자가 아니라 사용자·보수당·우파에 맞서는 거대한 운동의 일부임을 느끼게 해 주는 데 매우 중요하다.

3. 지도부와 함께, 그리고 거슬러 활동하기

노동조합은 노동계급의 삶을 방어하는 대중조직이다. 노동조합은 마르크스주의 전통의 핵심 주제이고 사회주의자들은 동료 노동자와 어깨 걸고 싸우며 노동조합 활동에 활발히 참여해야 한다. 이런 방식으로 사회주의자들은 혁명적 사상이 노동계급의 이익을 추구하는 데 가장 적합하다는 것을 실천 속에서 증명할 수 있다. 노동조합 내 사회주의자들이 활동의 결과로 신뢰를 얻고 현장위원이나 노동조합 내 여러 기구의 현장 대표자로 선출되는 것은 자연스럽다. 일부 사회주의자는 노동조합 공식 기구에서 활동해야 할 수도 있다. 노동조합 관료가 여전히 주도력을 발휘하는 상황이라면 사회주의자들은 특히 더 신중한 태도를 취해야 할 것이다. 사회주의자들은 꾸준히 노동조합의 공식 행동을 촉구해야 하고 공식 행동이 벌어지면 그것을 지지해야 한다. 동시에 사회주의자들은 동료 노동자들에게 노동조합 상층 지도부에 의존하지 말라고 경고해야 하고 지도부에 독립적으로 싸우는 데 필요한 현장 조합원의 힘과 자신감을 높일 수 있는 일이라면 무엇이든 해야 한다.

[아무리 소심하다 해도] 노동조합의 공식 행동을 투사들이 추진하려는 일을 가로막는 장애물인 양 여기면 안 된다. 오히려 노동조합 지도부가 실제로 행동에 나서면 활동가들의 요구에 더욱 힘이 실린다. 사회주의자들은 노동조합 지도부가 공식 호소한 행동을 조직해야 하고 (필요한 곳에서는) 투쟁이 더 멀리 나아가야 한다고 주장하며 이 행동을 활용해 더 강하고 독립적인 현장 조합원 운동을 건설해야 한다.

작업장에서 활동하는 사회주의자들의 목표는 1915년 클라이드노동자위원회가 선언한 다음과 같은 좌우명에 따라 실천하는 현장 조합원 조직을 건설하는 것이다. "우리는 노조 간부들이 노동자들을 올바로 대변하는 한 그들을 지지할 것이다. 그러나 그러지 않으면 곧바로 독자적 행동에 나설 것이다."

4. 사회주의 정치의 구실

노동조합운동이 제아무리 전투적이고 아래로부터 통제된다 해도 그것만으로는 충분하지 않다. 1970~1980년대의 경험을 보면 최상의 현장 조합원 조직이라도 자본주의 경제의 부침에 영향을 많이 받는다는 것을 알 수 있다. 자본주의가 유지되는 한 노동자들은 착취를 없앨 수 없고 기껏해야 완화만 할 수 있다.

노동계급이 자본가계급의 권력을 빼앗아 장악하고 자신들의 민주적 대중조직에 기반해 사회를 재조직하는 사회주의 혁명을 통해서만, 끊임없이 밀고 당기며 전진과 후퇴를 반복(이것은 자본주의에서 노동운동의 운명이다)하는 상황에서 벗어날 수 있다. 그러나 이 과제를 수행하려면 정치조직, 즉 정당이 필요하다.

혁명적 사회주의 조직은 작업장에서 노동조합 조직을 건설하는 데 매우 중요하다. 1930년대부터 1970년대 초까지 공산당이 그랬던 것처럼 혁명적 사회주의 조직은 여러 노동조합과 산업부문에서 정치적으로 조직된 활동가 집단을 만들어 낼 수 있다. 오늘날 사회주의노동자당은 작업장에서 활동하는 사회주의노동자당 지지자들의 네트워크를 발전시켜 이런 집단을 재건하기 위한 기초를 놓으려 애쓰고 있다. 이런 방식으로 전국적 현장 조합원 운동이 다시 성장할 수 있는 조직적 틀을 건설할 수 있다.

그러나 사회주의 정당의 목표는 단지 노동조합 투사를 규합하는 것이 아니다. 사회주의 정당은 투사들의 시야를 넓혀 그들이 처한 상황을 깨닫게 하고 그들이 수행하는 투쟁이 자본주의라는 괴물이 판치는 세상을 바꾸기 위한 더 광범한 투쟁의 일부임을 인식하도록 도와야 한다. 마르크스가 약 150년 전에 주장했듯 자본주의 사회에서 벌어지는 노동계급 투쟁은 반드시 계급 착취와 거기서 비롯한 모든 참상에서 인류를 완전히 해방하는 운동으로 나아가야 한다.

2

현장 조합원과 노동조합 관료

랠프 달링턴

이 글은 랠프 달링턴의 "The Rank and File and the Trade Union Bureaucracy",
*International Socialism 142(Spring 2014)*를 번역한 것이다.

영국의 혁명적 사회주의자들이 노동조합운동에서 당면한 핵심 문제는 긴축과 사용자의 공격에 대한 노동자들의 분노는 크지만 현장 조합원들이 노조 지도부가 이끌지 않아도 투쟁에 나설 수 있을 만큼 자신감이 높지는 않다는 사실이다. 그 결과, 노동자 투쟁의 전반적 수준은 참담하리만치 낮은 수준에 머물렀다. 긴축의 악영향이 드러나면서 몇몇 주요한 지역적·전국적 투쟁이 벌어져 왔고, 다양한 노동자 집단이 이에 참가했지만, 투쟁 수위가 전반적으로 고양되기보다는 그저 산발적이고 부문적인 투쟁 양상을 벗어나지 못했다. 투쟁 수위가 여전히 이토록 낮은 주된 이유는 자본주의와 고용 형태에 객관적·구조적 변화가 일어나 노동계급의 저항 능력이 약해지고 있기 때문이 아니다. 그보다는 노동조합(과 노동당) 지도자들의 주관적 구실과 오늘날 노조 관료와 현장 조합원 간 관계가 어떤지 살펴봐야 한다.

그렇다고 해서 조합원 다수는 불만으로 부글부글 끓어올라 당장이라도 투쟁에 나서고 싶어 하는데 극소수 노조 간부가 이를 억누르고 있다는 식의 극히 단순한 주장을 하려는 것은 아니다. 그러나 반대로 노동자들이 한동안 패배를 거듭해 왔기 때문에 전반적으로 사기가 저하돼 있다고 보는 것도 옳지 않다. 실제로는, 노조 관료가 앞장서기만 한다면 많은 노동자들이 싸울 준비가 돼 있음을 보여 주는 여러 증거가 있다. 지난 몇 년 동안 영국 노총TUC의 시위나 파업에서 수많은 노동자가 보여 준 열의와 자발성이 분명한 사례다. [지도부의] 공식적 투쟁 호소가 현장 조합원의 자신감과 조직이 성장하고 발전할 수 있는 가능성을 열어 준 것이다. 게다가 좀 더 강경한 소수는(아마도 일부 노조에서는 활동가층의 3분의 1에 달할 것이다) 노조 간부들의 더딘 행동에 실망해 비판하며 노조 간부의 제안보다 훨씬 더 나아가길 바란다. 이 점이 가장 잘 드러난 게 바로 2013년 유나이트Unite* 사무총장 선거인데, 이 선거에서 [전임 사무총장] 렌 매클러스키와 경합한 좌파 후보 제리. 힉스가 36퍼센트나 득표했다. 동일한 긴장이 공무원노조PCS, 통신노조CWU, 대학노조UCU 등이 참가한 전국적 쟁의들에서도 확연히 드러났다.

안타깝게도, 2011~2012년 공공 부문 연금 투쟁 중단과 2013

---

* 운수일반노조와 금속노조가 통합한 영국 최대 노조.

년 그레인지머스 투쟁 패배* 등 여러 투쟁에서 노조 관료들은 노동자들의 행동을 고무할 기회들을 헛되이 날리거나 기껏해야 마지못해 조직함으로써 사용자와 정부의 공격을 효과적으로 물리치지도, 그 과정에서 노조의 힘을 재건하지도 못했다. 몇몇 노조 지도자들은 싸우기를 원치 않거나 파업이 승리할 수 없다고 생각한다(심지어 2011년 11월 30일에 있었던 대규모 파업** 같은 투쟁조차 말이다). 그들은 노동자들이 싸울 준비가 돼 있지 않다는 비관적 전망을 고집한다.

근본적 문제는 노조 지도자들이 행동을 호소하지 않거나 제한된 형태의 행동만 조직하고 기회만 생기면 취소해 버릴 때, 현장 조합원들의 조직적 대응이 (적어도 상황을 바꿀 수 있을 만한 수준으로는) 좀처럼 일어나지 않는다는 데 있다. 우리가 노조 관료에 독립적으로 행동할 수 있는 전투적이고 전국적인 현장 조합원 운동의 등장을 아무리 꿈꾼다 한들, 현실에서 현장 조합원들은 대부분 공식 지침 없이 행동에 나설 만큼 자신감이 높

---

* 2013년 스코틀랜드 그레인지머스 석유화학 공장에서 사용자가 대규모 구조조정을 추진하며 노조가 받아들이지 않으면 공장을 폐쇄하겠다고 협박했다. 유나이트 노조 사무총장 렌 매클러스키는 엄청난 노동조건 악화와 임금·연금 삭감이 포함된 '회생안'을 파업 한 번 하지 않은 채 굴욕적으로 수용했다.

** 공공 부문 노동자 260만 명이 연금 삭감에 반대해 파업했다. 1926년 총파업 이래 최대 규모였다.

지 않고 기층 활동가들은 지금껏 이런 간극을 메울 수 없었다. 이것이 뜻하는 바는 정말로 투쟁이 일어날지, 그리고 일어난다면 어떻게 발전할지 하는 문제에서 좋건 싫건 노조 간부들이 매우 중요하다는 것이다.

'현장 조합원 전략'과 아래로부터의 사회주의 혁명 사상을 정치적 전통의 기초로 삼는 혁명가들에게 이런 상황은 매우 당혹스러울 수밖에 없다. 또 이런 상황은 다음과 같은 기본적 주장이 중요함을 보여 준다. 즉, 공동의 전국적 행동이 일어나지 못하는 결정적 책임이 노조 지도자들에게 있음을 보지 못하고 그들에게 면죄부를 줘서는 결코 안 된다는 것이다.

물론 노동조합이 처음 생겼을 때부터 사회주의자들 사이에서는 노동자 투쟁을 이끌지 않거나 투쟁이 채 성과를 거두기도 전에 끝내 버리는 노조 지도자들을 어떻게 볼지를 놓고 논쟁이 벌어졌다. 이 글은 (좌파 노조 간부를 포함한) 노조 관료층과 단위 노조 대표자 조직 사이의 동역학과 현장 조합원과 노조 관료 사이의 관계를 살펴볼 것이다. 그럼으로써 노동조합운동의 모순적 성격과 '현장 조합원' 대對 '노조 관료'라는 다차원적 노조 내부 관계 개념에 대한 영국 사회주의노동자당의 마르크스주의적 분석을 재검토할 것이다. 그리고 과거와 현재에 타 좌파가 내놓은 노동조합운동에 대한 여러 전략들의 한계를 [사회주의노동자당의] '현장 조합원 전략'과 비교해 살펴보고, 현장 조합원의 주도력과 공식 노조 기구의 상호작용 속에서 어떤 긴장이 발생하고 무엇이 투쟁의 촉매 구실을 하는지 더 상세히 살펴볼 것이다. 특히 이 글은 현재의 상황에서 사회주의자들이 '단결해 싸우자Unite the Resistance'* 같은 혼성체 조직을 매개로 노동자들의 전투성을 북돋고, 좌파 노조 지도자들이 행동을 호소하도록 압력을 가하고, 독립적으로 행동할 수 있는 현장 조합원 네트워크의 발전을 촉진할 수 있는 최선의 방법이 무엇인지를 살펴본다.

노조 관료

우선, 노동조합의 성격은 매우 모순적이어서, 자본주의에 대한 노동계급의 저항을 표현하기도 하고 제한하기도 한다. 즉, 노동조합은 노동계급이 자본의 힘과 투쟁하는 기구이자 타협하는 기구다. 여기에서 핵심적 요소가 바로 노조 관료층, 즉 상근 노조 간부들로 이뤄진 상설 기구의 구실이다. 이들은 자본과 노동 간의 타협 조건을 둘러싼 협상을 전담하며, 자신들이 대표하는 대다수 조합원과 다른(때로는 대립하는) 이해관계·관점·자원을 지닌 독특한 사회적 지위에 있다. '노조 관료'라는 규정에는 노조

---

* 147~151쪽 참조.

의 전국적 지도자와 크고 작은 지역 수준의 상근 간부들이 모두 포함되지만, 여기서 주목하는 것은 주로 수십 명 정도의 핵심적 전국 단위 간부들이다(이들 중 일부는 노총 중앙집행위원회의 일원이다). 객관적·주관적 요인들을 종합적으로 고려해 보면 왜 노조 상근 간부들이 대체로 노동자 투쟁에 보수적이고 제한적인 태도를 보이기 쉬운지 이해하는 데 도움이 된다.[1] 그것은 노조 지도자들의 개인적 약점(무능, 출세주의, 부패)과는 무관하며, 그들이 하는 일의 성격 자체에 원인이 있다.

첫째, 노조 간부는 그들이 대표하는 대다수 조합원과는 다른 독특한 사회적 지위를 차지한다. 현장 조합원들은 사용자에게 노동력을 판매할 수밖에 없고, 그들의 직접적인 물질적 이해관계는 노동력 판매의 대가를 최대한 많이 얻어 내는 것에 달려 있다. 반면, 노조 상근 간부들도 임금에 의존하기는 하지만 이것은 사용자가 아니라 노조에서 나온다. 그러므로 상근 간부들은 자신이 임금노동과 자본주의 경제체제의 존속에 이해관계가 있다고 여기게 만드는 강한 압력을 받게 된다. 왜냐하면 노조가 하는 기능도, 상근 간부의 생계 수단과 지위도 모두 임금노동과 자본주의 경제체제에 뿌리를 두고 있기 때문이다. 투쟁이 전투적이고 광범할수록, 상근 간부와 현장 조합원 사이의 분열은 더욱 뚜렷해질 수 있다. 아래로부터 대중파업(예컨대, 사용자와 정부 정책 모두에 맞선 대중파업)이 벌어지면 노동자들에게는 사회변혁의 전망이 열릴 수 있지만, 상근 간부들에게는 자신들의 존립 기반을 위협하는 것으로 보일 수 있다. 그러므로 노조 관료 집단의 한계는 그들의 사회적 처지에서 비롯한다.

둘째, 노조 관료는 자본과 노동 사이의 중재자로서 협상하는 기능을 한다. 노조가 노동자가 사용자의 특권에 도전하는 데 쓰이는 집단적 도구 구실을 하는 것은 사실이지만, 노조 상근 간부들은 (설사 조합원들의 불만을 대변하더라도) 강력한 온건화 압력에 사로잡힌다. 즉, 협상 파트너와 '신뢰 관계'를 유지해야 한다고 생각하고, 모든 쟁의를 지배적 자본주의 생산관계가 규정하는 틀 안에서 해결돼야 할 '문제'로 여기며, 따라서 흔히 파업을 안정적 협상의 장애물로 보게 된다. 그들이 흔히 "불만의 관리자"로[2] 처신하며 노동자 투쟁을 제한하고 현장 조합원들의 이익과 염원을 거스르는 '타협안'을 들고 파업을 끝내 버리는 것은 바로 이 때문이다. 더욱이, 로자 룩셈부르크가 주장했듯이 사실상 노조 기구(본부·재정·조직)의 보존 "그 자체가 목적"이 되면, 고용주와 국가를 "너무 심하게" 밀어붙여 지나치게 적대하게 만드는 목표나 행동(예컨대 전투적 파업)을 반대하는 것으로 나아가게 된다.[3] 그래서 지난 30년 동안 영국의 노사관계법은 노조 간부들의 아킬레스건을 공략했다. 조합원들이 불법 파업을 하면 법원이 금지명령을 내리고 노조 재정에 수천만 파운드대의 손배·가압류를 걸 수 있다는 두려움 때문에 노조 관료들은 매번

예고된 행동을 취소했다.

셋째, 노조 간부들이 누리는 물질적 혜택도 중요하다. 영국에서 가장 큰 15개 노조의 사무총장들은 현재 조합원에 비해 엄청나게 많은 급여를 받는다. 그런 재정적 혜택 자체가 꼭 보수성을 낳는 것은 아니지만, 그 때문에 간부들이 대다수 조합원과 다른 사회적 환경에 놓이게 되는 것만은 틀림없다. 그러므로 설사 많은 간부들이 장시간 까다로운 업무를 하거나 집에 못 들어가는 경우가 많다고 해도, 대체로 그들의 일자리와 급여는 (상대적으로) 안정적이지만 그들이 대표하는 조합원들은 임금이 훨씬 더 낮고 생활이 불안정하다. 그런 달라진 사회적 조건들이 누적되면 간부들은 사용자의 세계관을 일부 받아들이고 "왕년의 적을 더 잘 이해하고 공감"해야 한다는 엄청난 압력을 겪는다.

넷째, '경제적' 활동과 '정치적' 활동을 분리하는 영국 노동운동의 전통 때문에 노조 관료가 노동자 투쟁을 엄격하게 제한하는 과정이 강화됐다. 노조 관료가 노동당에 충성했기 때문에(특히 노동당이 집권했을 때) 정부 각료들은 노동쟁의로 "여러분의" 정부를 흔들지 말라고 압력을 가할 수 있었다. 사회적 지위 때문에 노조 지도자들은 이런 압력에 현장 조합원들보다 더 취약했다. 그렇지만 심지어 집권하지 않았을 때조차 노동당은 노조 지도자들이 파업을 누그러뜨리고 좌파적 정책을 포기하도록 압력을 가할 수 있었는데, 그러지 않으면 노동당이 "무책임"한 세력으로 비칠 것이고 그러면 선거에서 손해를 본다는 명분을 내세웠다. 비록 이따금 노조와 노동당 사이에 긴장이 조성됐지만(예컨대 노동당 안에서 노조의 영향력을 줄여야 한다는 에드 밀리밴드의* 제안에 일부 노조 지도자들이 갈수록 비판적 태도를 보이고 있다), 노동당 개혁주의에 대한 이데올로기적·정치적 충성은 자본주의 사회 틀 안에서 노동조합운동이 갖는 한계를 아주 분명히 보여 주는 징표임이 드러났다. 2015년 총선이 다가올수록 노조 간부들은 노동자들의 전투성을 둔화시키라는 압력을 받게될 것이고 그러면 아마도 이 점이 더 분명해질 것이다.

다섯째, 상근 노조 간부가 현장 조합원보다 더 큰 힘을 행사하고 혜택을 누리는 매우 중앙집중적이고 위계적이며 관료적인 구조가 존재한다. 그런 힘은 재정적 자원, 내부의 공식적 소통수단, 전문적 지식, 정치적 리더십 기술 등 여러 방식으로 나타나고 해당 조직과 그 구성원에게 허용되는 선택의 범위를 정하는 과정에서도 드러난다.[5] 심지어 임명직이 아니라 선출됐을 때조차 노조 간부는 대의원 대회에서 민주적으로 결정한 정책을 무시하는 등 여전히 노조 내에서 의사 결정권, 영향력, 통제권을 남용하는 경향이 있으며, 단체교섭과 파업에 개입해 결정적 구실을 하는 경우가 많다.

---

* 2015년 5월까지 노동당 대표였다.

노조 관료의 이중적인 사회적 구실

노조 상근 간부들은 현장 조합원과 확연히 구별되는 (사회적·이데올로기적·물질적·기능적) 조건을 공유하며 계급투쟁이 자본주의 사회의 틀 안에서 개혁을 추구하도록 제한하는 일에 헌신하게 된다. 일부 사람들은 사회주의노동자당이 모든 "노조 관료"를 걸핏하면 "용맹한 조합원들을 배신"하고[6] "언제 어디서나 변함없이 관료적으로 행동하며 역사의 변화에 저항"하는 "악당"으로 규정한다고 비판하는데[7] 이런 묘사는 일차원적이다. 이런 조야한 묘사와 달리 사회주의노동자당이 노동자 운동의 역사적 경험에 바탕을 두고 발전시킨 혁명적 마르크스주의 견해는 훨씬 더 정교하다. 이 견해는 노조 간부가 실제로는 단지 "혁명의 불길을 끄는 자"만은 아니라는 사실을 인정한다. 더 정확히 말하면 "노조 간부는 이중적 구실을 한다. 즉, 조합원들을 체제 안에 가두기도 하지만, 동시에 그 안에서 제한적 이득을 안겨 주기도 한다."[8]

1940년부터 1950년대 중반까지처럼 노조 간부가 사실상 모든 파업에 반대한 시기도 있었다. 1984~1985년 광원 파업 직후에도 많은 노조 간부가 파업은 역효과만 부를 뿐이라고 주장했다. 그러나 1970년대와 1980년대 초처럼 (심지어 우파) 노조 간부가 파업을 이끈 시기도 있었다. 그리고 지난 30년 동안 파업이 엄청나게 줄었음에도 불구하고, 노조 간부가 주도한 파업이 꽤 많았다. 종종 노조 간부들은 심지어 노동당 정부에 맞서 파업을 이끄는 것도 마다하지 않았다. 1978~1979년 '불만의 겨울'이나* 2000년대 초 신노동당 정부의 일부 정책에 반발한 것이 그런 사례다. 노조 간부가 언제나 현장 조합원의 불만에 떠밀릴 때만 어쩔 수 없이 행동을 호소하는 것도 아니다. 때로는 심지어 아래로부터 압력이 거의 없는데도 행동에 앞장서기도 했다. 그렇다면 이처럼 엇갈리는 행동을 어떻게 이해해야 할까?

노조 관료의 양면적 성격은 그들이 한쪽에는 사용자와 국가, 다른 한쪽에는 노동자를 두고 그 사이에서 균형을 잡아야 한다는 데서 비롯한다. 만약 상근 간부가 사용자나 국가와 너무 긴밀하게 협력한다면, 힘을 완전히 잃을 것이다. 그들이 대접받는 유일한 이유는 그들이 저항할 잠재력이 있는 사회 세력을 대표하기 때문이다. 따라서 조합원들의 불만을 분명히 대변하지 않거나 때로 파업을 이끌어 급여와 노동조건을 일부라도 개선해 내지 못한다면, 노조 내 현장 조합원의 지지를 잃을 위험이 있다.[9]

그러므로 종종, (최근 몇 년 동안 보수당-자민당 연립정부의 긴축 조치를 두고 그랬듯) 특히 상근 간부가 협상 테이블에서 완전히 무시당하거나 조합원들의 고용계약 조건이 심각하게 후

---

* 1978~1979년 겨울 노동당 정부의 임금 억제 정책에 맞서 파업한 것을 가리킨다.

퇴하고 일자리가 축소돼 노조의 사회적 기반과 조직이 위협받는 상황에 직면하면, 아주 우파적인 노조 사무총장조차 마지못해서라도 '위로부터' 파업을 선포하고 조직할 수밖에 없다고 생각할 수 있다. 그저 협상에서 자신의 영향력을 확대하고 노조 조직을 안정적으로 유지하기 위해서라도 노조 간부는 가끔씩 조합원들의 불만을 표현해야 할 수 있고 특정한 상황에서는 현장 조합원을 동원해 사용자와 국가의 특권에 도전해야 할 수도 있다. 이 모든 것은 노조 간부가 전반적으로 어떻게 생각하고 행동하는지, 현장 조합원의 압력에 어떻게 반응하는지 이해하는 데 중요하다. 즉 때때로 상근 간부가 현장 활동가와 더불어 노동자의 전투성을 북돋는 것이 파업의 선동·양상·결과에 아주 중요한 영향을 미칠 수 있다.

그렇지만 상근 간부의 이런 행동은 흔히 노동자들의 '전투성을 통제'하기 위한 것일 수 있다. 즉, 노조간부가 투쟁을 이끄는 것은 투쟁의 주된 방향에 대한 통제력을 유지하기 위해서이기도 하다. 일반적으로 그들은 투쟁을 그저 보여 주기 식이나 상징적 수준에 머물게 하다가 핑계거리만 생기면 끝내 버리고 싶어 하는데, 이는 조합원들이 비교적 안전한 방식으로 "분노를 배출"하도록 만들기 위해서다. 예컨대 2011년 11월 30일 공공 부문의 연금 개악 반대 파업 이후 투쟁 동력이 유실된 과정이 그랬다(그것은 불가피하지도 자동적이지도 않았다). 노조의 정치 지형이 단지 사용자와 정부, 그리고 조합원이 간부에게 가하는 압력에 의해서만 형성되는 것은 아니다. 그러나 자본과 노동의 중재자로서 노조 간부의 사회적 지위가 그들의 운신의 폭을 제한한다. 노조 간부들은 이런 모순적 사회 세력들 사이에 끼어서 동요하는 경향이 있다. 그러나 노조 관료는 기본 사회질서에 충성하기 때문에 현장 조합원들과 질적으로 다른 위치에 서게 된다. 즉, (1926년에* 그랬듯) 결정적 순간에 그들은 늘 사용자와 자본가 국가의 편에 선다.

좌파 간부 대 우파 간부

사회주의노동자당의 노조 관료주의 개념에 대한 또 다른 비판은 상근 간부가 단일한 집단이 아니라는 사실을 충분히 고려하지 않는다는 것이다. 즉, 관료 간에도 차이가 존재하며, 그런 구분은 관료와 조합원 사이의 구분만큼이나 중요할 수 있다는 것이다.[10] 당연히 위계가 존재한다는 것은 사무총장과 다른 중

---

* 1926년 5월 임금 삭감과 노동조건 후퇴에 맞서 영국 역사상 최대 규모(350만 명)의 파업이 벌어졌으나 노총 중앙집행위원회는 투쟁이 정점에 달한 순간 아무 조건 없이 항복해 버렸다. 이 배신으로 노동운동은 치명적 타격을 입어 회복하는 데 수십 년이 걸렸다.

앙 간부 사이에, 중앙 간부와 지역 간부 사이에, 단체교섭을 책임지는 간부와 조합원 조직을 전담하는 간부 사이에 차이가 존재함을 뜻할 수 있다. 일반적으로 말하면, 지위가 높은 관료일수록 사용자와 더 가까워지면서 현장 조합원과는 더 멀어지므로 가장 보수적이기 쉽다. 게다가 특정 부문의 노조들 사이에서 심각한 경쟁 관계가 생겨날 수도 있다. 어떤 노조의 관료가 다른 노조의 조합원을 빼 가려 하거나, 노조 통합 때문에 책략을 동원한 권력 다툼이 벌어져 노조 지도자들의 행동에 영향을 미칠 수 있다.

또 노조 간부가 이데올로기적으로나 정치적으로 모두 똑같지는 않으며, 좌파 간부와 우파 간부 사이의 차이가 때로는 실제로 중요해진다는 것을 이해해야 한다. 그래서 영국에서는 1960년대 말과 1970년대 초에 정치적으로 온건한 전국 단위 노조 지도자들이 잭 존스(운수노조)나 휴 스캔런(금속노조) 같은 새로운 좌파적 인물로 대거 교체됐다. 부분적으로 이런 지도부 교체는 현장 활동이 더 활발해지면서 나타난 반응이었고, 그 결과 존스 같은 인물은 현장 대표자 조직의 발전을 고무함으로써 명성을 얻었다. 매우 다른 환경인 신노동당 집권기[1997~2010년]에도 전임자들보다 산업 투쟁에서 더 강단 있고 정치적으로 더 좌파적인 새로운 노조 지도자 세대('골칫거리'라고 불렸다)가 형성됐다.

공무원노조의 마크 서워트카와 철도해운운수노조RMT의 고故

밥 크로 같은 오늘날의 좌파 지도자들이 영국일반노조GMB나 상업유통노조USDAW 지도자들이 대표하는 것과 매우 다른 종류의 노동조합운동을 지지하고 뚜렷이 구별되는 대對사용자·정부 정책(이는 각자의 노조 조직에 상당히 중요한 영향을 미칠 수도 있다)을 옹호하는 것은 우연이 아니다. 의미심장하게도, 2011년 6월 30일 파업을 밀어붙인 것은 공무원노조, 전국교사노조NUT, 대학노조처럼 좌파가 주도하는 노조였고, 그 결과 공공서비스노조UNISON, 유나이트, 영국일반노조 같은 다른 노조의 지도자들이 압력을 받아 11월 30일 대규모 행동을 호소했다. 게다가 좌파 노조 지도자의 당선은 현장 조합원들이 사용자에 맞서 더 강력하게 저항하길 원한다는 신호일 수 있고, 이것은 작업장 대표자들과 활동가들이 좀 더 전투적인 지도력을 발휘할 수 있도록 자신감을 줄 수 있다. 어떤 점에서 관료 내 분열은 노조가 민주적 대중조직이라는 사실의 결과이고, 좌파 간부의 선출은 흔히 앞선 노동자 투쟁들, 노조 내부의 회합과 조직에 대한 반향이다.

그러나 설령 좌파 노조 간부가 노동자 투쟁을 독려할 가능성이 좀 더 높다고 해도, 그들은 여전히 우파 간부와 동일한 사회집단에 속한다고 할 수 있다. 따라서 그들도 모든 노조 지도자에게 영향을 미치는 내재적이며 구조적인 보수화·관료화 압력을 똑같이 받을 수밖에 없고, 결과적으로는 우파 간부와 마찬가지로 노동자 투쟁을 억누를 수 있다. 1974~1979년 노동당 정부 시절,

노동당과 노조의 사회협약 체결을 앞장서서 지지해 그때까지 성장한 전투적 노동자 운동을 약화시키고 실질임금이 한 세기 만에 가장 크게 삭감되게 만든 것은 바로 존스와 스캔런 같은 좌파 관료였다. 더 최근에는 렌 매클러스키가 그레인지머스 투쟁에서 백기를 든 것도 좌파 노조 간부의 한계를 생생히 보여 줬다.[11]

다시 말해, 좌우파 관료 간 정치적 차이가 그들의 행동에 잠재적으로 중요한 영향을 미칠 수 있지만, 그런 차이는 모든 간부를 별개의 사회집단으로 묶어 주는 공통의 물질적 처지·구실·이해관계보다 부차적이고, 따라서 노동조합운동 내에서 노조 관료 전체와 현장 조합원 사이에 존재하는 훨씬 더 근본적인 이해관계 대립보다 덜 중요하다. 좌파 간부가 선출된다고 해서 그들이 관료적 압력에서 자유로운 것은 아니다. 따라서 현장 조합원의 압력, 민주적 책임, 독립적 조직이 필요하다.

현장 조합원과 노조 관료의 관계

'현장 조합원'이란 노조 상근 간부 아래에 존재하는 여러 층의 조합원을 하나의 범주로 묶는 말이다. 조합원들이 산업부문, 직종, 숙련도, 성, 인종 같은 수많은 경계로 나뉘어 있다는 점을 고려하면 현장 조합원의 동질성을 과장해선 안 된다. 게다가 조합원마다 노동조합운동에 헌신하는 정도가 분명히 다르기 때문에, 소수의 전투적 활동가와 대다수 조합원의 관심사가 완벽히 일치할 거라고 가정해서는 안 된다. 또한, 정책과 전략을 두고 노조 내에서 갈등이 벌어져 노조 내부의 여러 층위를 가로지르는 분파 투쟁이 발생할 수 있다는 점도 알아야 한다. 그 경우 중앙·지역 상근 간부, 지부 간부, 현장위원, 활동가, 조합원이 광범하게 결집해 좌파 연합이나 활동가 그룹을 형성할 수 있고, 그러면 '간부'와 '현장 조합원' 사이의 경계가 흐릿해질 수 있다. 사실 최근 일부 공공 부문 노조(공무원노조, 전국교사노조, 대학노조)에서 벌어진 상황의 핵심적 특징 하나는 현장 조합원 활동가와 비전임 전국집행위원들(노조 상근 간부와 함께 일한다)이 함께 파업을 조직했다는 것이다.

[현장 조합원 내부의] 이런 차이에도 불구하고, 집단적 노동자 투쟁의 물질적 토대를 제공하고 현장 조합원을 상근 간부와 구별 짓는 것은 대다수 현장 조합원이 자본주의 사회의 핵심인 착취적 사회관계의 지배를 받는다는 것이다. 바로 이 점 때문에 '현장 조합원'이라는 용어가 분석에 도움을 준다. 이 용어가 서로 다른 여러 층의 조합원을 아우르는 것임에도 말이다.

의미심장하게도, 영국 노동자 투쟁의 주요 절정기(1880년대 말, 1910~1920년, 1930년대 중엽, 1970년대 초)마다 새로운 세대의 현장 조합원 활동가(거리낌 없이 공식 노조 지도부에 도전하고 노동[운동]에 새로운 활력을 불어넣을 전략적·이데올로기적 혁신을 이루려 했다)들이 등장하면서 노조 내부에서 치열한 전투가 벌어졌다. 한 역사가가 말했듯 "노동운동에 진지하게 관심을 기울이는 사람이라면 누구나 운동의 발전 과정에서 [노조] 내부의 갈등은 적에 맞선 투쟁만큼이나 하나의 법칙에 가깝다는 것을 안다."[12] 예를 들어, 1910~1914년의 '노동자 대투쟁' 동안 일어난 파업은 대부분 지역 수준의 비공인 파업이었고 기존 공식 지도부에 적대적이었다. 사실 '노동자 대투쟁' 동안 사용자들은 노조 간부들이 산업 노동자들의 불만을 단체교섭과 조정 등 허용 가능한 제도를 통해 해소하지 못하는 것을 가장 걱정했다. [당시에] 산업 관계 문제에 대한 정부 수석 자문관이었던 조지 애스퀴스는 옛 세대의 타협적 노조 지도자가 더 젊고 전투적인 지도자에 밀려 권위를 빠르게 잃고 있다고 경고했다. "사용자와 노조 지도자 간의 차이보다 조합원과 노조 지도자 간의 차이가 더 큰 경우가 흔했다."[13] 혁명적 신디컬리즘은 현장 조합원들의 이런 반란에 조직화된 표현을 제공했다.[14]

제1차세계대전 동안 현장위원들과 그 밖의 현장 조합원 대표 기구들은 노조 공식 기구 안과 밖에서 모두 활동하는 현장 조합원 조직의 고전적 모범을 제시했다. 그 과정에서 이 조직[클라이드노동자위원회]은 서로 다른 작업장에 흩어져 있는 현장위원 조직들을 연결해서 금속 산업의 수십만 노동자가 참여하고 노조 상근 간부에 독립적으로 행동할 수 있는 대안적 지도력을 제공하는 전국적 현장 조합원 운동을 만들었다. 클라이드노동자위원회는 1915년에 다음과 같이 선언했다. "우리는 노조 간부들이 노동자들을 올바로 대변하는 한 그들을 지지할 것이다. 그러나 그러지 않으면 곧바로 독자적 행동에 나설 것이다." 클라이드노동자위원회는 단지 노조 간부들이 현장 조합원들의 이익을 지키도록 압력을 가할 뿐 아니라, 노조 관료 기구에 독립적으로 행동하며 스스로의 힘으로 대중투쟁을 이끌 능력과 의지가 있는 운동을 건설하려 했다.

마찬가지로 1960년대 말과 1970년대 초 노동자의 전투성이 고양되던 시기에도, 강력하고 독립적인 작업장 노조 조직(흔히 현장위원들이 기층에서 현장 조합원을 대표하는 형태였다)이 노조 공식 지도부의 관료화와 타협에 맞서는 중요한 반대파로 활약했다. 현장위원들이 소속 조합원들을 기꺼이 동원하려 하자 [현장 조합원 사이에] 상당히 자립적이고 자신감 있는 태도('아래로부터 도전'이라고 불렸다)가 생겨났다. 광산·금속·항만 등 여러 부문에서 새로운 청년 활동가층이 나타나 지도부에 도전하자 일부 노조 지도자들은 압력을 누그러뜨리기 위해서 좌경화해야 했다.

바로 이런 조건에서 국제사회주의자들[18](사회주의노동자당의 전신)이 여러 노조에서 많은 전국적 현장 조합원 단체를 성공적으로 건설할 수 있었다. 그 단체들은 노조 민주주의를 위해 투쟁하는 작업장 투사들을 결속해 노조 간부에 대한 현장 조합원의 통제를 강화하고 필요할 경우 노조 간부에게 얽매이지 않고 전투적 행동을 고무하려 했다. 그러나 1980년대 초 노동자 투쟁이 심각하게 침체하면서 그런 현장 조합원 단체는 해체됐다. 이것은 현장 조합원 조직이 노조 상근 간부에 독립적으로 조직할 잠재력이 있기는 하지만, 그런 일이 유의미한 수준으로 일어나는 것은 자동적이지 않음을 보여 준다.[15]

한때 노조가 크고 강력했던 부문에서 구조조정과 해고가 이뤄지고, 정부가 바뀌어도 신자유주의 공세가 계속되고, 1980년대와 1990년대에 노동자 운동이 계속 패배한 결과, 현장위원 조직은 심대한 타격을 입었고 '아래로부터 도전'은 1930년대 이후 가장 약화됐다. 그 결과는 여러 측면에서 뚜렷하게 나타났다. 현장위원과 작업장 대표자는 1980년 30만 명에서 현재 15만 명으로 줄었다. 많은 작업장에서 이들의 교섭력이 현저히 떨어졌고 (징계와 고충 처리 등) 개별 지원 사업이 훨씬 더 강조되고 있다. 작업장 노조 활동의 관료화 추세가 강화돼 작업장 대표자의 약 13퍼센트는 작업에 전혀 참여하지 않고 일부 선임 현장위원(특히 대형 지부를 대표하는 선임 현장위원)들은 조합원과 상당히 거리감이 있다. 현장위원 일부도 (흔히 사용자의 공세에 밀려 궁지에 몰렸다는 생각에) 노조 상근 간부와 마찬가지로 전투적 저

항과 파업에 거부감을 드러낸다.[16]

현장 조합원들에게 노조 관료에 맞설 자신감이 부족한 것은 결국 사용자에 맞설 자신감이 부족하기 때문이었다. 1970년대 초에는 노동자 투쟁 수준이 높아서 사용자와 정부에 맞서 전투적으로 싸우는 강력한 현장위원 조직이 발전할 수 있었고, 그 결과 현장위원들은 노조 간부에 **독립적으로** 행동하거나 때로는 공공연히 간부를 거슬러서 행동했다. 그러나 그 뒤 40년 동안 현장 조합원 조직이 약화되면서 현장위원들과 작업장 대표자들은 간부에게 더욱 의존하게 됐다.

그럼에도 현장 조합원들이 "이빨도 발톱도 뽑힌"[17] 상태라고 여기는 비관주의적 평가는 완전히 잘못됐다. 현장위원과 대표자는 흔히 작업장에서 노조를 단결시키기 위해 놀라울 정도로 헌신했고, 여전히 노동조합운동에서 노동자들의 불만을 해결하는 중추 구실을 한다. 실제로, 최근의 작업장 고용 관계 종합 실태 조사에 따르면,[18] 그들은 [조합원들의] 개인적 사안뿐 아니라 건강과 안전(66퍼센트), 임금률(62퍼센트), 연금(55퍼센트), 인력 충원(54퍼센트), 노동시간(54퍼센트) 등 집단적 성격의 사안에도 동등하게 시간을 들이고, 신규 조합원을 모집하고 조직하는 일에도 자주 참여한다. 의미심장하게도, 노조 대표자들은 일반 시민에 비해 지역사회 조직에 참여하는 비율이 8배나 되는데, 이것은 많은 노조 대표자들이 작업장과 사회 운동 및 조직 양쪽에서 동시에 활동하고, 작업장에서의 정의 구현뿐 아니라 작업장 밖에서의 사회정의 구현도 중요하게 여긴다는 점을 잘 보여 준다.[19]

2011~2012년 BESNA[건설업체들의 협회]에 맞선 전기공들의 투쟁 승리, 건설 부문에서 발전한 블랙리스트 반대 운동과 전투적 현장위원들의 활동가 네트워크 같은 사례는 노조 간부에 어느 정도 독립적인 현장 조합원들의 조직과 주도력이 움트고 있음을 보여 준다. 비록 대다수 작업장에는 이런 수준의 기층 작업장 조직이 없지만, 최근 몇 년 동안 다른 많은 부문의 집단행동 과정에서 작업장 대표들의 조직이 갖는 중요성이 드러났다. 예컨대, 영국 노총의 행진과 공공 부문 파업에 수십만 명을 동원했을 때나 철도·지하철·우체국·소방서·대학 노동자, 정부·지역 공무원이 벌인 전국적·지역적 투쟁에 지도를 제공했을 때 특히 그랬다. 분명히 사회주의자들의 과제는 이런 사례(그것이 아무리 제한적일지라도)를 일반화해서 강력한 현장 조합원 조직을 건설하도록 고무하는 것이다.

이 과정에서 현장위원과 작업장 대표자는 노조 관료에 맞서는 유의미한 세력이 될 잠재력이 있고 현장 조합원의 압력에 민감하게 반응한다는 점에서 여전히 상근 간부와 대개 질적으로 다르다는 점을 유념하는 것이 중요하다. 그들은 선출되고 현장 조합원과 일상의 문제들을 공유하기 때문에 그에 즉시 반응한다. 그들은 대부분 직무 수행을 위해 물리적으로나 조직상으로 현장을 벗어나지 않고, 자신이 대표하는 노동자들과 함께 일하며 대부분의 시간을 보낸다. 그러므로 그들은 어떤 상근 간부(정치적 견해나 선출직 여부에 상관없이)보다 더욱 직접적으로 현장 조합원에게 종속될 수 있다. 작업장 노조가 관료화된 탓에 노조 관료와 현장 조합원 사이의 구분이 약간 흐릿해졌다고 할 수도 있지만, 그렇다고 해서 노동조합운동 내의 근본적 이해관계 차이가 사라진 것은 아니다. 현장위원 조직이 영원히 지금처럼 허약할 거라는 주장에는 전혀 역사적 근거가 없다. 계급 세력균형이 어느 시점에 역전될 수 있는 건 물론이고 심지어 가장 관료화된 현장위원 조직조차 행동을 이끌도록 내몰리거나 새로운 [전투적] 활동가 세대가 나타나 뒤로 밀려날 수 있다. 그 과정에서 현장위원과 상근 간부의 관계 속 모순적 경향들은 그 균형이 급격히 흔들릴 수 있다.

그럼에도 거대한 투쟁이 없으면 현장 조합원 운동을 건설할 수 없다. 머릿속으로 아무리 바란다고 해도 당장의 현실에는 대부분 현장 조합원 운동의 실질적 기반이 없다. 노조 관료에 독립적으로 행동할 수 있는 진정한 현장 조합원 운동이 존재하려면, 그런 조직이 나타나게 할 훨씬 더 크고 오래 지속되는 투쟁이 있어야 한다. 그러므로 현장 조합원과 관료의 상호작용에 대한 사회주의노동자당의 혁명적 마르크스주의 분석이 제공하는 필수적이고 총체적인 틀을 통해 사회주의자들이 현 상황에 유용한 교훈을 많이 얻을 수 있기는 하지만, 이것은 출발점일 뿐이다. 즉, 현실의 계급 세력 관계, 노동자 투쟁 수준, 현장 조합원이 관료에 의존하는 정도에 따라 이 틀을 적용해야 한다.

그렇다면 긴축과 사용자의 공격에 많은 노동자들이 분노하고 있음에도 현장 조합원들은 대체로 자신감이 부족해 노조 관료의 지도 없이 투쟁에 나서지 못하고 간부들이 제한적 투쟁을 호소할 때 조직적으로 도전하지 못하는 지금의 어려운 상황에서, 사회주의자들은 노조에서 어떻게 활동해야 할까? 투쟁과 자신감의 쇠퇴로 작업장 노조의 조직과 활동이 약해진 상황을 극복하기 위해 어떤 시도를 할 수 있을까?

최근 사회주의노동자당이 발전시킨 혼성체 전술을 검토하기 전에, 먼저 과거와 현재 사회주의자들이 지지해 온 서로 다른 두 가지 노동조합 활동 전략을 살펴보면 유익할 것이다. 이 두 가지 전략은 대략 범좌파 연합과 분리 노조 운동이라고 이름 붙일 수 있는데, 둘 다 위험을 수반한다. 범좌파 연합은 좌파 간부에 대한 환상을 조장하고 현장 조합원 활동을 경시할 위험이 있고, 분리 노조 운동은 노조 관료에게 행동을 호소할 책임이 있고 실제로 그런 구실을 할 잠재력이 있다는 점을 인정하지 않음으로써 면죄부를 줄 위험이 있다.

노조 관료주의에 맞선 두 가지 전략

범좌파 연합

먼저, 영국 노동조합운동에는 노조 내의 주된 분열이 좌파와 우파 사이의 정치적 분열이라고 여기고 사회주의자들은 '범좌파' 연합을 결성해 좌파 활동가를 노조의 주요 공식 직책에 당선시켜서 노조가 더 전투적인 정책을 채택할 수 있게 하는 데 집중해야 한다고 주장하는 오랜 역사적 전통이 있다(특히 공산당이 이와 관련이 있다). 1960년대와 1970년대에 금속노조에는 현장위원, 활동가, 상근 간부 수백 명이 모인 강력한 범좌파 연합이 있었고, 다른 노조들에도 기반은 조금 덜 탄탄하지만 비슷한 단체들이 있었다. 1980년대에 비슷한 단체가 여러 곳에서(특히 통신 부문과 공무원노조에서) 다시 등장했고, 더 최근에는 공무원노조, 전국교사노조, 유나이트, 대학노조 등에서 비슷한 단체들이 다시 생겨나 저마다 이런저런 부침을 겪어 왔다.

범좌파 연합의 성장은 조합원들이 노조 관료에게 갈수록 불만을 느끼고 있다는 징후인 동시에 노조 [지도부]가 사용자와 정부에 나약하게 대처하는 것에 최상의 활동가 일부가 조직적 해결책을 찾으려 한다는 신호다. 그리고 의심의 여지 없이 좌파 활동가가 전국집행위원과 노조 상근 간부직에 선출되면 노조의 힘을 키우고, 노동자 투쟁을 주장하고, 정치적 운동에 대한 지지를 획득하고, 활동가들이 더 쉽게 활동할 수 있도록 하는 데 큰 도움이 될 수 있다.

그러나 범좌파 연합 전략에는 약점이 있는데, [현장 조합원이 아니라] 노조 관료를 중시하고 좌파의 공식 노조 기구 통제에 주력한다는 것이다. 그러면 노조 관료에 독립적으로 조직할 수 있는 강력하고 자신감에 찬 현장 조합원 조직이 관료를 옥죄는 보수적 압력을 물리치는 데 중요하고, 이것이야말로 투쟁적 노조의 핵심이라는 점을 깨닫지 못할 수 있다. 1972년과 1974년에 벌인 전국적 파업에서 광원들이 거둔 위대한 승리가 이 점을 아주 생생하게 보여 준다. 당시 노조 위원장(조 곰리)이 우파였는데도 기본적으로 독립적 주도력과 아래로부터의 동력이 매우 강력했기 때문에 광원들이 승리할 수 있었다. 반대로 광원들은 좌파 지도자 아서 스카길의 임기에 아주 쓰라린 패배를 여러 번 겪었는데, 이것은 1980년대 초 무렵 광원노조(와 그 밖의 노조들) 내의 현장 조합원 조직이 상대적으로 허약했기 때문이다.

그럼에도, 혁명적 사회주의자들이 범좌파 연합 제안을 비난하거나 무시하는 종파적 태도를 취해서는 안 된다. 혁명적 사회주의자는 우파에 맞서 (비록 일부 정책과 전술에 이견이 있다 하더라도) 다른 좌파 활동가와 어깨를 나란히 해야 하고, 선거보다는 현장 조합원들의 전투성 고무에 초점을 둔 관점을 주장해서 범좌파 연합 건설을 도와야 한다. 전국행동촉구지회연합(전국적 행동의 필요성을 주장하며 전국교사노조 내에서 형성됐다) 같은 새로운 조직이 어떤 식으로 현장 조합원 기반을 확장하거나 노조 기구 장악을 지향할지는 두고 볼 일이다.

분리 노조 운동

[영국 노동운동] 역사에서 지속적으로 나타나는 둘째 경향은 분리 노조 운동이다. 이것은 관료적·보수적 노조 간부의 영향력을 뛰어넘는 일을 체념한 활동가들과 투사들이 [기존 노조에서] 떨어져 나와 별도로 더 급진적인 노조를 건설하려는 것이다. 예컨대, 20세기 초 혁명적 신디컬리즘의 '이중 노조 운동'(특히 미국의 세계산업노동자동맹IWW), 20세기 초 독일의 '좌파 공산주의자'들, 1920년대 말과 1930년대 초 공산당의 '적색 노조,'* 1950년대 중엽 영국의 운수일반노조에서 떨어져 나온 전국항만하역노조NASD(이른바 '청색' 노조), 1971년 파업 당시 전국일반·지방자치단체노조를 집단으로 탈퇴해 운수일반노조에 가입하려 한 세

---

* 출범한 것은 1921년이었지만 개혁주의적 노조와 완전히 결별한 것은 스탈린주의 제3기 초좌파 노선이 시행된 1928~1934년이었다.

인트헬렌의 필킹턴 유리 공장 직공들, 1980년대 와핑Wapping 사건* 이후 우파가 주도하는 전기·전자·통신·배관공노조EETPU에서 분리해 나와 전기·배관산업노조EPIU를 결성한 전기 노동자들, 1988년 파이퍼알파 참사의** 여파로 금속노조와 선원노조에서 분리해 나와 결성된 연안산업연락위원회OILC, 2000년대 말 [기존 노조를 떠나] 철도해운운수노조에 가입한 유나이트의 런던 버스 회사 소속 활동가들, 그리고 더 최근에는 공공서비스노조를 탈퇴하고 별도의 신디컬리스트 노조에 가입한 런던대학교 행정관의 청소 노동자들, 서식스대학교의 민영화와 외주화에 반격하지 못한 것에 실망한 대학 내 세 주요 노조 활동가들이 추진한 '팝업 노조'의*** 등장 등이 그렇다. 이런 태도는 세계산업노동자동맹의 창립자 중 한 사람인 유진 데브스의 다음과 같은 말로 요약할 수 있다. "노동 보스가 철저히 지배하고 부정 비리가 만연한 지금의 노조를 개혁하자는 얘기는 똥통에 향수를 뿌리자는 것만큼 부질없고 쓸데없는 짓이다."[20]

---

* 1980년대 중반 언론 재벌 루퍼트 머독이 자신의 기업인 뉴스인터내셔널의 인쇄·출판 사업부를 와핑으로 이전하려 하자 노동자들이 파업에 나섰지만 패배했다. 이 패배는 영국 노동운동에 큰 사기 저하를 불러왔다.

** 파이퍼알파는 옥시덴털페트롤리엄이 북해에서 가동한 석유 시추 설비였는데, 1988년에 가스 누출로 폭발 사고가 일어나 167명이 목숨을 잃었다.

*** 기존 노조와의 이중 가입을 허용하는 비공인 임시 노조.

앞서 언급한 여러 분리 노조들은 특히 맥락, 규모, 조직 형태, 목표(혁명적 노조, 공산주의적 노조, 전투적 노조 등) 면에서 분명히 중요한 차이가 있다. 그러나 예외 없이 한 가지 공통점이 있는데, 관료화된 노조 내부 제도,·노조 지도자들이 보인 동요와 노골적 배신, 현장 조합원에게 지도부의 부정적 영향력을 극복할 능력이 없는 것 같다는 생각에 좌절한 전투적 활동가가 앞장서서 만들었다는 점이다.

공산주의인터내셔널 내부의 '초좌파주의'에 맞서 싸우면서 레닌은 《'좌파' 공산주의 ― 유치증》의 한 장 전체를 할애해 혁명가들이 "아무리 반동적인 노동조합일지라도 … 그 안에서 합법적으로 활동하는 법을 배워야" 한다고 주장했다.[21] "노조 상층 지도부의 반동적·반혁명적 성격을 이유로" 수많은 노동자들이 속한 공식 노조에서 벗어나 새로운 소규모 혁명적 노조를 만드는 것은 "공산주의자가 부르주아지에게 최고의 선물을 주는 것"이다. 레닌은 혁명가들이 노조 안에서 당 모임을 결성하고 현장 조합원 공장위원회를 건설해서 급진적 요구와 염원을 위해 싸우고 "기회주의적" 지도자들을 몰아낼 수 있어야 한다고 주장했다.[22] 그렇다고 해서 오늘날 혁명가들이 어떤 조건에서도 노조 분리 반대를 원칙으로 삼아야 하는 것은 아니다. 짐 라킨이* 만

---

* 　20세기 초에 활동한 신디컬리스트 출신 노조 지도자이사 사회주의자.

든 분리 노조인 아일랜드운수일반노조ITGWU는 분명 중요한 진일보였고, 세계산업노동자동맹도 (미국노동총동맹AFL 내에서 활동하기를 거부한 것은 문제였지만) 새로운 장을 열었다. 마찬가지로 남아공의 광원건설노조AMCU([영국계 백금 생산 기업] 론민 소속 노동자의 다수를 대표한다)는 대중투쟁이라는 맥락에서 [온건한 친정부 노조(광원노조)에서 분리해 나온 것이] 적절했을 수도 있다.

그러나 일반적으로 분리 노조는 운동을 인위적으로 분리하고, 덜 선진적인 노동자들로부터 활동가를 고립시키며, 대다수 노동자를 설득해 투쟁을 지지하게 만드는 노력을 회피하게 한다는 데 문제가 있다. 결정적 문제는 관료주의에 맞서 싸우는 대신 그로부터 도망가 버리는 것인데, 그러면 사실상 대다수 노동자가 기존 관료의 수중에 방치되고 관료들은 아래로부터 도전을 덜 받게 된다. 이 때문에 관료가 현장 조합원의 요구에 응하도록 압력을 가함으로써 민주적 책임성을 요구하는 현장 조합원 메커니즘의 가능성이 사라진다. 의도가 아무리 좋았다 해도, 분리 노조는 관료와 사용자를 돕는 결과를 불러올 수 있다.[23]

다시 말해, 노조 간부가 행동을 지지하도록 압력을 가하거나 관료에 독립적으로 행동하기 위해서는 노조 내에서 작업장 노조 조직과 현장 조합원의 힘을 키우는 것보다 좋은 방식은 없다. 오늘날 노동조합에는 더 역동적이고 투쟁적인 노조와 긴축정책에 맞설 일관된 대안 전략을 모색하는 노동자를 결집해 활동가 네트워크를 건설할 가능성이 있고, 적절한 조건과 만나면 이런 네트워크가 현장 조합원 조직으로 발전할 수 있다.

상충하는 긴장 이용하기

앞서 봤듯이, 최근 영국에서는 일부 노조 관료들이 일자리·임금·노동조건 공격에 분노한 조합원이 가하는 압력뿐 아니라 관료가 효과적 중재자로서 활동하기 어렵게 만드는 사용자와 정부의 엄청난 압력에 직면해 (단지 분노를 진정시킬 의도였을 수도 있지만) 이따금 파업 행동을 선언했다. 노동자들이 투쟁에 나서려면 흔히 위로부터의 공식적 [투쟁] 호소가 필요한데, 그 이유는 현장 조합원들에게 자신감이 부족하기 때문이다. 노조 지도부가 승인하면 노동자는 행동에 나서기 훨씬 더 쉬워진다. 그 과정에서 공무원노조의 마크 서워트카, 전국교사노조의 케빈 코트니, 소방관노조FBU의 맷 랙처럼 투쟁 정서를 대변하는 좌파 간부가 (비록 모순적일지라도) 흔히 결정적 구실을 할 수 있다.

이것이 뜻하는 바는 혁명적 사회주의자들이 저항을 위한 촉매로 작용할 수 있도록 이런 긴장을 이용할 기회를 잡으려 노력해야 한다는 것이다. 핵심 문제는 다음과 같은 것이다. 행동 없이는 강력한 현장 조합원 운동을 건설할 수 없는데, 현재 현장 조합원은 관료[의 투쟁 호소] 없이 유의미한 행동에 나설 만큼 강력하지 않다. 이런 모순을 어떻게 극복할 수 있을까? 우리는 앞으로 나아가기 위한 전략을 제시해야 한다.

그러려면 우리는 역사 속의 많은 파업들이 실상은 어떻게 현장 조합원과 관료 사이의 동학을 중심으로 발전했는지, 즉 어떻게 현장 조합원의 주도력과 공식적 행동이 모두 결정적인 구실을 했는지 이해해야 한다. 예컨대, 1880년대 말, 1910~1914년, 1919~1920년, 1970년대 초 투쟁 고조기의 파업 물결 속에서 단지 노조 간부에 독립적으로 벌어진 비공인 현장 조합원 행동만 있었던 것은 아니다. 아래로부터의 압력이 강력해서 흔히 노조 관료의 일부는 지도력 유지를 위해 (비록 궁극적으로는 투쟁을 통제·제한하기 위해서였을 뿐이지만) 스스로 공식적 노동조합 행동을 선언해야 했다. 그 결과 현장 조합원들이 공식적 투쟁 호소를 이용해 노조 간부의 계획과 예상을 뛰어넘어 투쟁을 발전시키고 독립적 현장 조합원 조직 건설의 기회를 더 많이 만들어 낼 수 있게 됐다. 물론 간부가 동요하고 배신할 위험은 늘 있었다. 그렇지만 그런 일이 얼마나 일어나고 투쟁 발전에 방해가 될지는 현장 조합원의 자신감과 조직이 얼마나 강해지는지에 따라 크게 좌우됐다.

앞서 언급했듯이 지도부가 공식적 투쟁 지침을 내리면, 싸우고 싶지만 독립적으로 나설 자신감이 없었던 노동자들이 크게 호응

한다. 그리고 노동조합 간부(심지어 일부 좌파 간부)보다 더 나아가길 원하는 상당한 규모의 활동가층이 분명 존재한다. 따라서 혁명적 사회주의자의 핵심 과제는 어떻게 현장 조합원과 관료 사이의 긴장, 그리고 그 속에서 좌파 노조 간부가 수행할 수 있는 중요한 잠재적 구실을 이용해 투쟁을 최선으로 이끌 것인가 하는 점이다.

'단결해 싸우자' 건설이 중요한 이유는 그것이 혼성체 조직, 즉 현장 조합원 활동가와 (긴축 반대 투쟁에 조합원을 동원하고 저항하는 사람들을 위한 연대 네트워크를 건설할 의향이 있는) 좌파 간부들을 한데 결집하는 공동전선의 기초를 놓으려는 시도이기 때문이다. 이것은 노동자들이 분노는 광범하지만 노조 간부를 밀어붙이거나 독립적으로 행동할 수 있는 능력은 부족한 현실의 간극을 메우려는 시도다. 또 좌파 노조 관료를 끌어들여서 노동자 저항의 잠재력을 키우고 그럼으로써 현장 조합원들이 자신의 영향력을 극대화할 수 있도록 하기 위한 수단이다.

그러나 '단결해 싸우자'가 어떤 식으로 현장 조합원과 노조 관료 사이의 균형을 바로잡으려 노력하는지 알아보기 전에, 혼성체 조직의 두 역사적 사례를 대조해 살펴보면 유용할 것이다. 하나는 1920년대의 소수파운동이고, 다른 하나는 1960~1970년대의 '노동조합 방어를 위한 연락위원회'다.

역사 속의 혼성체들

소수파운동

영국 공산당의 핵심적 노동조합 활동 방안으로 1924년에 발족한 전국소수파운동은 제1차세계대전의 여파로 발생한 여러 대규모 투쟁이 패배한 이후에 찾아온 투쟁 쇠퇴와 사기 저하를 멈추기 위한 것이었다. 작업장 노조 조직이 붕괴하고 현장 조합원들이 점점 더 노동조합 간부에게 의존해 무게중심이 상층으로 넘어간 상황에서 투쟁을 원하는 노동자들에게 더 큰 자신감을 주는 것이 목적이었다.[24] 전국소수파운동은 각 산업과 노조 내 민주적 개혁을 위한 구체적 요구들에서 전투적 강령을 도출했고 이를 통해 노동조합 내 '반대 세력'을 규합했다("노동조합으로 돌아가자 ― 후퇴를 멈추자"는 슬로건을 내걸었다). 모스크바의 공산주의인터내셔널이 권유한 이 방안은 전투적 활동가와 노동운동의 지도적 인물 간의 협력을 모색하는 일종의 공동전선 활동이었다.

1925년까지 소수파운동은 의심의 여지 없이 상당한 성공을 거뒀다. 여러 산업부문에서 조합원 수와 전투성을 회복하는 데 도움이 됐다. 그 결과 공산당은 노동계급 기반을 넓힐 수 있었고, 소수파운동은 많은 부문(특히 광산과 금속, 철도, 운수 부문)에서 확고하게 자리 잡았고, (광원노조연맹 사무총장으로 선출된 A J 쿡 같은) 저명한 좌파 노조 지도자들과 투쟁을 염원하는 현장 조합원을 한데 결집했다.

현장 조합원 운동으로 시작하지는 않았지만, 초기에 소수파 운동은 좌파 노조 간부와의 합의에 주력해 노동자 투쟁에 대한 지지를 얻을 수 없고 현장 조합원을 조직해 각 부문마다 관료에 독립적으로 싸울 수 있는 소수파운동을 발전시켜야 한다고 강조했다. 실제로 공산당 기관지에는 영국 노총 좌파 [간부]를 믿어서는 안 되며 그들과의 동맹이 절대 강력한 소수파운동을 대신할 수 없다고 강조하는 경고성 기사들이 실렸다. 1924년 10월에 J R 캠벨은 《코뮤니스트 리뷰》에 다음과 같이 썼다. "공산당과 소수파운동이 소위 좌파 노조 간부에게 지나치게 의존하는 것은 자멸적 정책이 될 것이다. … 혁명적 노동자들은 대다수 노동자를 끌어들이는 데 활동의 중심을 둬야 한다는 점을 절대 잊어서는 안 된다."[25] 이에 따라 [전국소수파운동 협의회는] 전시戰時 현장위원 운동과 비슷한 공장위원회 재건을 목표로 채택했다. 이것은 아래로부터의 진정한 현장 조합원 조직을 지향했다.

안타깝게도 결국 전국소수파운동은 목표의 모호함 탓에 실패했다. 이것은 부분적으로 국내 상황의 약점 때문이었다. 강력한 작업장 노조 조직이 존재하지 않았기 때문에 현장 조합원 사이에서 참을성 있게 운동을 건설하는 까다로운 과업을 수행하기보다 좌파 간부와 노조 기구에 기대를 거는 한낱 '생강 단체'* 구실을 하는 것으로 만족하려는 유혹에 빠졌다. 그렇지만 결정적으로 외부적 압력도 존재했는데, 러시아에서 점점 더 힘을 얻고 있던 스탈린주의 관료의 압력이 그것이었다. 러시아 관료들은 이처럼 좌파 노조 간부를 중심에 둔 정책을 영국 노총 중앙집행위원회 안에서 '좌파적' 영향력 형성을 위한 수단으로서 장려했는데, 그 목표는 좌파 간부들이 러시아를 지지하고 러시아에 대한 군사적 개입을 반대하도록 만드는 데 있었다. 이 때문에 1926년 5월 총파업 전 몇 개월 동안의 결정적 시기에 노동계급을 승리로 이끌기 위해 독립적 노동자 운동을 건설하기보다는 노총 내 좌파 간부(알론조 스웨일스, 조지 힉스, 앨프리드 퍼셀)에 대한 신뢰를 쌓는 것에 집중했다("모든 권력을 노총 중앙집행위원회로!"라는 핵심 구호에 잘 드러난다).

당시 전국소수파운동이 노조 간부와 긴밀하게 연관 맺은 것은 사용자의 격렬한 반대 속에서 대중운동이 어떻게든 첫발을 떼도록 하기 위한 아마도 유일한 수단이었을 것이다. 그럼에도 소수파운동은 두 방향으로 이끌렸는데, 하나는 향후의 투쟁을 위해 현장 조합원 [운동과 조직]을 강화하는 것이고, 다른 하나는 현장 조합원보다 [노조] 공식 기구를 더 중요하게 여기는 것이

---

* 어떤 조직 안팎에서 그 조직이 더 잘하도록 압력을 가하는 단체.

었다. 소수파운동은 노조 공식 기구와 현장 조합원 사이의 양방향 가교架橋와 마찬가지였다. 현장 조합원을 간부의 품에 안겨 주는 가교로 전락하지 않기 위해서는 현장 조합원과 관료의 상대적 중요성에 대한 명확한 정치적 이해와 러시아로부터 분명하게 독립성을 유지하는 태도가 결합돼야 했다. 그러나 현실은 그렇지 않았다.[26]

연락위원회

1960년대 말과 1970년대 초에 영국 공산당(당시 당원 수가 3만 명에 이르렀고 광산·조선·자동차 등의 부문에서 많은 지도적 산업 투사가 속해 있었다)은 사실상 또 다른 주요 혼성체 조직을 발족했다. 공산당의 산업부문 외피이자 자칭 "공식적 비공식" 단체인 '노동조합 방어를 위한 연락위원회'(이하 연락위원회)는 여러 노조에 흩어져 있는 전투적 활동가들을 이어 주고, 노조 간부에게 계속 압력을 가하고, 파업 활동을 고무하는 데서 중심 구실을 했다.[27] 연락위원회는 1969년 노동당 정부의 노동 악법 제정에 맞선 두 차례의 전국적 비공인 파업을 사실상 조직·지도했고, 뒤이어 1970~1971년에도 전국적 파업을 두 차례 벌였다.

그러나 연락위원회는 그 뒤 훨씬 더 큰 산업 투쟁들이 벌어지는 동안 현장 조합원 활동가들을 연결하려고 노력하지 않았고, 점점 더 현장 조합원 중심의 활동에서 멀어졌다. 근본에서 이것은 공산당이 점점 '좌파' 노조 지도자인 잭 존스와 휴 스캔런과 충돌하길 꺼렸기 때문인데, 특히 1974년에 보수당이 정권을 잃자 더욱 그랬다. 공산당은 개혁주의 정치 탓에, 노동당 정부와 노총이 체결한 사회협약을 노조 관료가 지지하는데도 그것을 좌파적으로 포장해 줬는데, 그 뒤 사회협약으로 현장 조합원은 자신감을 잃어 투쟁이 수렁에 빠졌고 생활수준도 폭락했다. 1920년대와 마찬가지로 "1970년대에 산업 투쟁의 물결이 이는 동안 독립적인 현장 조합원의 전투성을 이끄는 것과 좌파 간부들에 대한 영향력을 키우는 것 사이에 모순이 점점 더 뚜렷해졌고, 공산당은 갈수록 전자보다 후자를 더 중요시했다."[28]

따라서 공산당의 경험을 보면 '단결해 싸우자'가 그저 좌파 간부의 꽁무니를 좇고 사실상 기회주의적으로 지지하기만 하면서 그들을 현장 조합원 네트워크와의 동맹에 끌어들여서는 안 된다는 역사적 교훈을 얻을 수 있다(카운터파이어Counterfire와 민중의회People's Assembly 지도자들이 매클러스키와의 관계에서 사실상 그랬다). '단결해 싸우자'는 노동자들이 이런 동맹을 이용해 현장 조합원의 조직, 주도력, 관료로부터의 독립성을 재건하도록 고무해야 한다.

'단결해 싸우자'

'단결해 싸우자'는 작업장과 현장 조합원 조직은 경시하고 노조 좌파 관료를 지나치게 중시한다는 근거 없는 비판을 받아 왔다. 사회주의노동자당이 현장 조합원 활동가층을 발전시켜 독립적 행동을 건설하는 것을 포기하고 당원들이 (전국집행위 같은) 노조 기구 안에서 공식 직책을 맡도록 하는 등 좌파 관료 내에서 영향력을 획득하는 것으로 대신하려 한다는 것이다.[29] 또 "상명하복식의 관료적 전략"을 택해 "소수가 노동계급을 대신해 행동"하고, 그럼으로써 "관료의 방식을 되풀이한다"는 것이다.[30]

그러나 2011년 11월 연금 개악 반대 파업이 벌어지기까지의 다음과 같은 과정을 잘 살펴보는 것이 중요하다. 당시에 좌파가 영향력 있던 여러 노동조합들은 공공서비스노조, 영국일반노조, 유나이트 같은 대형 노조들을 행동에 끌어들일 수 있었는데, 이 과정에서 공동전선에 기초한 사회주의노동자당의 접근법이 촉매 구실을 하며 중요한 기여를 했다. 특히, (급진적·혁명적 좌파가 비교적 강력한 노조인) 전국교사노조, 공무원노조, 대학노조에서 일부 좌파 간부와 사회주의노동자당이 긴밀히 협력할 수 있었다. 그 결과 형성된 동맹(2011년 6월 22일 런던 프렌즈하우스에서 열려 대성황을 이룬 '단결해 싸우자' 활동가 대회가 이런 동맹의 사례다)은 6월 30일 파업을 밀어붙이는 힘이 됐고 11월 30일에 더 큰 규모의 합동 파업을 벌이자고 요구하는 동력을 형성하는 데 도움이 됐다. 이런 성과를 경시해서는 안 되는데, 2011년 12월 19일에는 그 과정이 정반대로 진행됐다는 사실에도 불구하고 그렇다. 이날 노총이 중재해 영국일반노조와 공공서비스노조가 [연금 삭감] 합의안에 서명했는데, 좌파 노조 간부는 그 후퇴를 막을 수 있는 조직적 초점을 제공할 능력이 없다는 것이 드러났고 노조 간부가 후퇴하면 즉시 전국적 지도를 제공해야 할 현장 조합원 네트워크는 충분히 강력하지 못했다.[31]

그러나 사회주의노동자당이 지나치게 관료 중심적이라는 주장의 문제점은 이런 주장이 현장 조합원과 관료 사이의 핵심 동역학과 그 상호작용을 이해하지 못한다는 것이다. '단결해 싸우자'가 혼성체라는 것은 다음과 같은 뜻이다. 첫째, '단결해 싸우자'는 엄밀한 의미의 현장 조합원 조직이 아니다. 그러므로 운동을 전진시키고자 하는 좌파 간부에 대한 지지가 강조된다. 둘째, '단결해 싸우자'는 범좌파 조직도 아니다. 즉, 좌파 간부와의 협력 그 자체를 목적으로 하거나 현장 조합원을 경시하고 좌파 관료에 주로 초점을 두지 않는다. '단결해 싸우자'는 비공식적 [현장 조합원] 네트워크의 사기를 높이기 위해 운동의 공식 기구를 활용한다. 셋째, '단결해 싸우자'는 노조 관료들에게 압력을 넣는 것, 그리고 노동계급의 저항을 강조·강화하기 위해 모든 공식 일정을 이용하는 한편 강력하고 독립적인 현장 조합원 조직과 네트워크를 건설하기 위한 모든 기회를 잡는 것, 이 두 가지 필요를 조직적으로 표현한 것이다. 그러므로 비판자들이 사회주의노동자당에게 현장 조합원을 관료에게 압력을 넣기 위한 수단으로 보지 말고 아래로부터 현장 조합원의 자신감을 돋우고 그들의 활동을 건설하는 데 집중하라고 말한다면, 그들은 이 두 가지 활동 사이의 상호작용을 간과하는 것이다. 그 둘은 서로를 강화하는 수단으로 모두 필요하다.

우리가 아무리 원치 않는다 해도 현실에서 노조 간부는 많은 노동자, 특히 투쟁의 가장자리에 있는 노동자들에게 엄청난 영향을 미친다. [노조 간부들의] 공식적 투쟁 지지는 새로운 노동자들을 투쟁으로 이끌 수 있고, 노동자들의 자주적 활동을 확대하고 현장 조합원[의 자신감과 조직]이 발전할 더 큰 기회를 만들어 낼 수 있다. 노조 간부의 지지를 요구하지 않는다면 노동자들이 간부의 [이중적] 구실에 대해 학습할 기회를 전혀 얻지 못할 것이다. 이런 태도는 언뜻 매우 급진적으로 보일지 모르지만, 실제로는 관료에게 면죄부를 줄 뿐이다.[32] 그래서 서워트카와 코트니처럼 파업을 지지하는 좌파 노조 간부와의 일시적 동맹이 현장 조합원들의 자신감과 활동이 고무되고 모든 노조 관료에 독립적으로 싸울 수 있는 현장 조합원 조직이 형성될 조건을 창출하기 위한 (비록 부분적일지라도) 중요한 방법일 수 있다.

그러나 노조 관료의 본질과 한계에 대한 사회주의노동자당의 분석과 공산당이 주도한 산업 혼성체 조직들의 역사적 경험을 통해 알 수 있는 것은, 이런 활동에 내재한 모순적 압력의 작동을 피하려면 몇 가지 핵심 전제 조건들이 필요하다는 것이다. 흔히 쓰이는 구호 "노조 간부와 때로는 함께, 때로는 거슬러서 활동하기"는 간부들이 (클라이드노동자위원회가 주장했듯) "우리를 올바로 대변"할 때 그들을 지지하고 협력할 태세가 돼 있어야 한다는 것만을 뜻하지 않는다. 당면 상황에 내재한 가능성과 위험을 모두 명확히 이해할 수 있도록 활동가들을 무장시키고, 변함없이 동요하는 좌파 간부에 대해 환상을 부추기거나 그들에게 의존하지 않고, 운동을 전진시키는 과정에서 다음 단계의 구체적 요구를 내놓고, 투쟁을 충분히 밀어붙이려면 현장 조합원 조직과 활동이 강화돼야 한다고 주장하고, 간부들이 실제로 투쟁에서 물러서려 하거나 '배신'을 하는 등 확실히 필요한 상황에서는 날카로운 정치적 비판의 목소리를 내는 활동도 동시에 해야 한다. 이것은 실제로는 매우 어려운 과제다. 왜냐하면 과거에 투쟁에서 후퇴한 전력이 있고 앞으로도 노동자를 배신할 수 있는 자들과 협력하는 것이기 때문이다.[33]

토니 클리프와 도니 글룩스타인은 "현장 조합원의 일부를 이끄는 혁명적 정당과 (좌파와 때로는 우파까지 포함한) 노조 관료의 공동 행동"을 위한 실천상의 기초를 놓았다.

이런 공동 행동은 노동자 투쟁을 발전시키는 데 유용할 수 있다. 대다수 좌파 노동조합 관료도 신뢰하기 어렵고 오락가락하지만 혁명가와 관료의 일시적 동맹은 전체적으로 보면 노동조합 관료의 통제력을 약화시킬 수 있기 때문이다. 혁명적 정당은 노동조합 관료의 좌우 분열과, 전투적으로 연설하는 사람(설사 말뿐일지라도)과 호시탐탐 타협하려는 사람 사이의 분열을 활용할 줄 알아야 한다. 이런 분열을 활용해 현장 조합원의 독립성, 자발성, 자신감을 높일 수 있다. 그러나 한 가지 조건이 충족돼야 한다. 즉, 혁명적 정당은 현장 조합원들이 좌파 노동조합 관료를 신뢰하거나 급진적 미사여구에 속지 **않도록** 해야 한다. 노동조합 관료가 전투적 노동자 투쟁에 앞장설 때조차 관료의 의도, 즉 그들이 [운동을 주도하면서] 그 운동을 더 효과적으로 통제하려는 것임을 조합원들에게 거듭 말해야 한다.

좌파 관료와의 동맹은 광범한 **행동**을 조직하기 위한 수단일 뿐이다. 매우 급진적이고 훌륭한 주장이라도 노동자 대중의 행동을 대체할 수는 없다. 관료와의 동맹 전술이 옳았는지는 한 가지 기준, 즉 그 전술이 행동을 조직하고 그 결과 노동자들의 자신감과 계급의식이 높아졌는지로 평가해야 한다.[34]

결론

긴축 공세가 길어지면서 현 상황에 변화와 방향 전환이 있을 것이고 계급투쟁의 가능성에도 급격한 변화가 일어날 수 있다. 노동조합 속의 혁명적 사회주의자들은 투쟁의 가능성을 현실로 만들려 노력해야 한다. 앞서 살펴봤듯이, 이는 곧 현장 조합원들의 주도력과 노조 관료 사이의 상호작용을 이해하고 그 둘의 긴장을 이용한다는 것이다. 또 노조 관료에 대한 현장 조합원의 태도가 변증법적이어야, 즉 간부를 따르는 한편 거스르고, 지지하기도 하지만 반대하기도 하고, 그들과 협력하기도 하지만 독립적으로 행동하기도 해야 한다는 것이다. 그 과정에서 간부에게 순응하거나 아니면 그들을 단순히 건너뛰거나 무시할 두 가지 위험을 모두 피해야 한다.

분명 '단결해 싸우자'는 공동전선 방안이 조직으로 나타난 한 사례지만, 그 바탕의 공동전선 방안은 혁명적 사회주의자들이 범좌파 [연합], 민중의회, 전국현장위원네트워크 등 반격을 건설하길 바라는 활동가 네트워크들을 결집할 잠재력이 있는 다른 여러 공간에도 적용해야 한다. 나아가 '단결해 싸우자'가 노조에서 저항을 발전시키는 데 중심을 두지만, 다른 모든 부문, 예컨대 학생운동, 지역 운동, 긴축 반대 단체들, 주거권 운동, 인종차별 반대 시위 등도 결집할 수 있다는 점을 잊지 말아야 한다.

결국 현장 조합원의 자신감·조직·활동을 고무하는 과정에서 필연적으로 노조 공식 기구와 그 기구의 다양한 수준에서 지도권을 놓고 싸울 필요를 무시할 수 없게 된다. 물론 노조 지부, 지역 조직, 전국집행위원 등의 직책에 출마하면 활동가들이 기층에서 멀어질 위험이 있다. 그리고 사회주의노동자당의 당원들도 관료화와 순응의 압력에서 자유롭지 않다. 그러므로 지역 수준에서나 전국 수준에서나 당원들에게 책임을 묻는 강력한 민주적 통제 장치가 있어야 한다. 이런 통제 장치가 현장 조합원에게서 저절로 생겨나는 것은 아니므로, 사회주의노동자당은 노조에서 지도적 직책, 특히 집행부를 맡고 있는 당원의 활동에 대해 논의하는 노동조합 당원 회의를 조직해야 한다.

마지막으로, '단결해 싸우자'가 사회주의노동자당의 "외피"가 아닌 노동계급 활동가들의 진정한 네트워크를 만들어 내려는 시도이기는 하지만, 노조 내의 (그리고 노조를 넘어선) 현장 조합원 운동 지도부가 효과적으로 활동하려면 혁명적 사회주의자들의 능동적 개입이 대단히 중요하다. 그러나 앞으로의 새로운 현장 조합원 운동에는 과거의 소수파운동이나 연락위원회와 달리 노조 관료(와 노동당 지도부)에 대한 정치적 독립성이 필요함을 분명히 인식하고 운동 내의 상충하는 긴장을 전략적으로 이용할 줄 아는 혁명적 사회주의자들이 필요할 것이다.

3

공산당, 사회주의노동자당, 현장 조합원 운동

던컨 핼러스

이 글은 던컨 핼러스의 "The CP, the SWP and the Rank and File Movement", *International Socialism* 95(February 1977)를 번역한 것이다.

결론으로, 공산당이 국제사회주의자들에 어떤 정치적 태도를 취해야 하는지 제기하고자 한다. 국제사회주의자들을 여느 초좌파 종파로 일축할 수 없기 때문에 이것은 중요한 쟁점이다. … 공산당은 국제사회주의자들의 노선과 전략이 틀렸고 잠재적으로 굉장히 위험하지만 운동의 이익에 부합한다면 이들과의 협력을 배제하지 말아야 한다는 것을 분명하게 인식해야 한다. 운동의 이익에 부합한다면 아주 적극적으로 단결을 추구해야 한다. 국제사회주의자들의 의도가 매우 기회주의적일지라도 말이다. (제프 로버츠, "현장 조합원 전략", 《마르크시즘 투데이》, 1976년 12월)

공산당의 이론지에서 "운동의 이익에 부합한다면" 단결해서 투쟁해야 한다는 주장을 읽게 돼서 기쁘다. 사회협약, 긴축과 실업, 노동당 정부의 반동적 정책과 이를 지지하는 노동조합 지도부에 맞선 투쟁에서는 단결해서 싸우는 것이야말로 운동의 이익에 확실히 부합한다.

언뜻 생각해도 사회주의노동자당(국제사회주의자들의 후신)이 공산당과(물론 다른 세력과도 함께) 적극적으로 협력할 수 있는 쟁점이 상당히 많고 실제로 이 둘은 비슷한 실천을 하기도 한다. 두 당은 캘러헌-힐리* 내각이 추진하는 모든 정치·경제 정책을 저지하고 영국 노총 중앙집행위원회가 캘러헌-힐리 내각과 협력하는 것을 막기 위해 공개적이고 헌신적으로 활동한다.

사회주의노동자당은 공산당이나 공산당이 주도하는 기구, 예를 들어 '노동조합 방어를 위한 연락위원회'[이하 연락위원회] 등이 임금과 공공서비스 삭감, 실업에 반대해 노동자들을 동원하려 한다면 이것을 적극 지지할 것이다. 또 '일할 권리를 위한 투쟁RtW' 총회에서 이런 운동을 연락위원회와 노동당 의원과 공동으로 건설하자고 결정한 것을 100퍼센트 지지한다. 우리는 연락위원회의 총회 개최를 환영하고 미리 약속하건대 총회에서 공동 행동을 위한 긍정적 결정이 내려지면 이를 최대한 지원할 것이다.

---

* 제임스 캘러헌은 노동운동 출신의 노동당 정치인으로 1976~1979년에 총리를 지냈고, 데니스 힐리는 노동당 우파 정치인으로 1974~1979년에 재무 장관을 지냈다.

사회주의노동자당은 투쟁할 의사가 있는 노동운동 내 **모든** 세력과 함께 싸우고자 한다. 서로 합의할 수 있는 목표가 부분적이고 일시적이라도 말이다. 특정 사안을 놓고 협력할 의사가 있다면 어떤 부문의 '공식 지도부'와도 함께 행동할 수 있음은 물론이다. 공산당의 주장과 달리 사회주의노동자당은 초좌파가 아니다.

　그러나 **특정한 목적**을 위해 좌파 노동조합 지도자와(가능한 경우에는 우파 지도자와도) **협력**하는 것과 그들에 의존하는 것은 완전히 다른 문제다. '진보적 노동조합 간부'가 **조직적 현장 조합원 활동**을 대체할 수 있다는 생각은 더욱 잘못됐다. 이 점이 산업과 노동조합 문제에 대한 사회주의노동자당과 공산당(과 대다수 노동당 좌파)의 근본적 차이다.

　우리는 실천적이고 강력한 현장 조합원 운동이 필수 요소라고 생각한다. 공산당도 한때는 그렇게 생각했다. 그러나 이제 공산당은 '좌파 노동조합 간부'를 주축으로 하는 '좌파 정치 동맹'을 강조한다. 사회주의노동자당과 공산당의 견해 차이는 그저 우연이거나 일시적인 것이 아니다. 이것은 근본적 이견이다. 이런 차이가 있더라도 공동 행동을 모색하자는 서로의 결정이 달라질 이유는 전혀 없다. 그렇지만 '좌파 정치 동맹'이 얼마나 무용지물인지 살펴보도록 하자.

'좌파'와 사회협약

> 공산당의 전략은 운동에서 좌파 경향을 격려하고 강화해 매우 오랫동안 지도부를 장악한 우파에 과감하게 도전하는 것이다. 이 목적을 달성하려면 노동조합의 각 단위와 전국 수준에서 진정한 좌파 동맹을 추진해야 한다. (제프 로버츠, "현장 조합원 전략")

현재의 노동당 정부 집권기에 노동운동 내 우파가 거둔 가장 큰 성공이 무엇일까? 의심의 여지없이 사회협약이다.

제임스 캘러헌의 말을 빌리면 사회협약은 "노동당 정부가 존재하는 핵심 기반이고 국가 회복을 위한 최상의 보증수표다."[1]

그렇다면 사회협약의 본질은 무엇일까? 바로 노총과 대다수 노동조합의 상층 지도부가 실질임금을 삭감하고 사회적 임금을 대대적으로 공격하고 실업을 유발하는 정부 정책을 지지한 것이다. 이들은 말로는 이것이 '도저히 받아들일 수 없는' 정책이라고 떠들었지만 노동자들이 정부 정책을 수용하기를 바랐다. 이윤을 회복시켜 자본주의를 강화하는 것에 모든 것을 거는 '산업 전략'을 돕기 위해서였다.

상황이 이토록 심각하게 반동적으로 흘러갈 동안 '좌파 경향'과 '좌파 지도자'는 어떤 구실을 했을까? 거의 예외 없이 이들도 사회협약을 지지했다. 간혹 좌파 노동조합 지도자들(과 일부 우파 지도자들)은 정부의 이런저런 정책을 비판했지만 그럴 때조차 비판의 논리는 정부 정책이 "사회협약을 위험에 빠뜨린다"는 것이었다!

제프 로버츠는 다음과 같이 묻는다. "존스와 스캔런 등 좌파 지도자는 채플 같은 우파 지도부와 왜 이렇게 다른가?"[2] 그러고는 이들이 근본에서부터 다르다고 주장한다.

제프 로버츠는 지난 3년 동안 달나라에 살았던 것일까? 잭 존스가 바로 사회협약의 **입안자**라는 건 알 만한 사람은 다 아는 사실이다. 휴 스캔런은 프랭크 채플만큼이나 사회협약을 확고하게 지지한다. 노동당이 재집권하기 전에도 (1973년에) 존스와 스캔런은 '임금 억제 정책'을 둘러싼 노총과 히스 정부의 협상을 지지했다. 같은 해 임금 인상을 요구하는 크라이슬러 전기 노동자들의 공식 파업이 한창일 때, 이 두 좌파 지도자는 소속 조합원들에게 피켓라인을 넘어가라는 지침을 내렸다(다른 이유가 있긴 했지만 채플조차 파업을 지지했는데 말이다).

제프 로버츠가 '좌파 경향'의 모델로 제시한 존스와 스캔런(채플을 제외하면 로버츠가 언급한 유일한 노조 지도자다)은 그 후로 쭉 임금 인상 6파운드 상한제[1975년]나 4.5퍼센트 상한제[1976년] 등을 포함해 '사회협잡'[사회협약을 그렇게들 불렀다] 전체를 옹호하고 지지했다. 물론 존스와 스캔런은 '대안 경제 전략'에* 찬성한다.

---

*   1970~1980년대 토니 벤 등 노동당 좌파가 추진하고 공산당도 지지한 경제정

그런데 이는 [우파 관료인] 데이비드 배스넛이나 렌 머리도 마찬가지다. 그렇다면 이 두 사람도 "노동조합운동 내 건강한 경향"에 포함되는가?

존스와 스캔런이 건강한 경향이라면 데일리와 맥가비* 등도 그렇다고 해야 한다. 몇몇 개인이 좌파냐 아니냐를 논하려는 게 아니다. 〈모닝 스타〉가** 말하는 '좌파'에 속한 상층 관료 전체에 의문을 제기하는 것이다. 현실에서 [이 '좌파' 관료들이] 악명을 떨쳤기 때문에 제프 로버츠는 이에 대해 설명해야 한다고 느낀 듯하다. 다음은 로버츠의 설명이다.

좌파 노조 지도부는 본성상 단일하지 않고 가변적이다. 이는 이들이 때로 계급투쟁에서 모순적 구실을 한다는 것을 보면 알 수 있다. 이들은 새 경제 전략을 위한 투쟁에서 일정한 구실을 하지만 동시에 사회협약을 지지한다. 좌파 지도부 중 일부가 현 노동당 정부의 경제정책과 관련해 부정적 구실을 한다는 점은 지적

책이다. 민간 기업에 대한 국가 개입 확대, 일자리 보호, 부유세 등을 포함했지만 그 목적은 자본의 경쟁력을 국가가 감독하고 지원해 산업 강국 지위를 회복하려는 것이었다.

* 로렌스 데일리 1968~1984년 광원노조 사무총장. 대니 맥가비 1976~1977년 영국 노총 위원장.

** 영국 공산당 일간지.

할 만한 사례다. 그러나 근본에서 이들은 노동조합운동 내 건강한 경향이고 이들을 중심으로 변화를 위한 강력한 운동을 건설할 수 있다.[3]

로버츠의 말인즉, "좌파 노조 지도부"는 사회협약을 지지한다. "좌파 지도부 중 일부"(실제로는 거의 전부)는 정부의 경제정책을 반대하는 투쟁에서 "부정적 구실"을 한다. 그러나 "근본"에서 이들은 "건강한 경향"이다!

도대체 뭘 해야 건강하지 않은 경향일까? 로버츠가 언급한 인사들이 어째서 '좌파'인 것일까? 노동조합 지도자로서 이들이 보인 (부정적) 실천 때문은 아닐 것이다. 이들 중 상당수가 자발적으로 〈모닝 스타〉에 간간이 기고하기 때문이라고 추측해도 그리 터무니없지 않다. 사실 공산당은 행동이 아니라 말과 '좌파적' 제스처를 보고 좌파인지 판단한다. 공산당은 공공부문노동조합NUPE의 앨런 피셔 등 '새로운 좌파' 노조 지도자들을* 전혀 비판하지 않는다.

---

* 앨런 피셔가 이끈 공공부문노동조합이 긴축 반대 운동에서 주도적 구실을 하며 부상하자 노동당 좌파와 공산당은 앨런 피셔와 그 동료들을 새로운 좌파라 부르며 칭송했다. 앨런 피셔 등은 정부의 임금 억제 정책을 반대했지만 정확히 말하면 임금 억제 정책 그 자체가 아니라 '대안 경제 전략'과 동시에 추진되지 않는 것에 반대했다.

그러나 제프 로버츠의 서술에는 유효하고 중요한 점이 한 가지 있다(그가 이 점을 분명하게 표현하지는 않지만 말이다). 즉, **좌파뿐 아니라** 전체 노동조합 관료는 "계급투쟁에서 모순적 구실"을 한다는 점이다. 로버츠는 이런 현상이 단순히 [관료들의] "이데올로기가 상당히 다르기" 때문이라고 주장하지만 노동조합 관료의 모순적 구실은 이들의 사회적 위치에서 비롯한 **필연적** 결과다.

노조 관료의 이런 모순적 구실을 이해하지 못한다면, 또 이를 **활용하는 법을** 모른다면 노동운동에서 혁명가로서 활동하기란 불가능하다.

노동조합 관료주의

국제사회주의자들의 도식은 노동조합 지도자와 현장 조합원의 차이에 초점을 맞춘다. 다시 말해, 노동조합 지도자의 물질적 특혜, 사회적 환경, 제도적 위치에 주목한다. 물론 이런 요인은 일정한 구실을 하고 중요한 영향을 미친다. 그러나 국제사회주의자들은 그 영향을 터무니없이 부풀리고 왜곡한다. … 이런 허구에 가까운 관료주의에 초점을 맞추면 진정한 문제와 쟁점이 흐려질 뿐 아니라 운동을 막다른 길로 이끌고 혁명가들이 단결을 추구해야 할 노동조합 내 세력으로부터 고립되는 등 실천에서도 매우 위험한 결과를 낳게 된다. (제프 로버츠, "현장 조합원 전략")

이미 오래전 이 "허구에 가까운 관료주의"의 본질이 노동운동 안에서 쟁점이 됐다. 1894년 시드니와 비어트리스 웨브가 쓴 《영국 노동조합운동사》가 출판됐다. 이 책은 19세기 중·후반 영국 노동조합에서 일어난 중요한 변화를 다음과 같이 지적했다. "이 기간에 노동조합의 지도력은 이따금 나타나는 열정가와 무책임한 선동가에서 현장 조합원 가운데 특별히 선택된 업무 능력이 탁월한 유급 상근 간부 계급으로 이동했다."[4]

페이비언주의자인 웨브 부부는 당연히 이런 "지도력의 이동"을 찬성했지만, 상근 간부와 활동적 조합원의 세계관이 상당히 달라지는 경향이 있음을 부인할 생각이 전혀 없었다. 그러기는 커녕 상근 간부를 '노동조합계의 공무원'이라고 부르며 이들의 등장을 환영했다. 바로 상근 간부가 노동조합운동에 보수적 영향을 미친다는 점 때문이었다.

이들은 한 관료의 말을 흔쾌히 인용해 다음과 같이 썼다.

현장 쟁점은 상근 간부의 급여나 고용조건에 더는 영향을 주지 않는 반면, 조합원과 사용자 사이에 분쟁이 일어나면 상근 간부의 일거리와 걱정거리가 늘어난다. 직공 시절의 기난과 굴종에 대한 뼈

저린 기억은 점점 사라지고, 갈수록 조합원들의 불만을 모두 삐딱하고 철없는 짓으로 여기기 시작한다. … 파업으로 생기는 힘들고 달갑지 않은 일을 자신도 모르게 꺼리게 되면서 조합원들의 요구에 공감하지 않게 된다. 그러다 결국 대다수 조합원이 만족하지 않는 타협안을 제시한다.[5]

이뿐 아니라 웨브 부부는 노동조합 간부가 중간계급과 이웃으로 지내면서 그들의 사상을 "서서히 암암리에, 심지어 자신도 모르게 받아들이고 시간이 지날수록 이 사상에 더 가까워진다"고 썼다. 이 페이비언주의자들이 《마르크시즘 투데이》의 일부 기고자보다 마르크스주의를 더 잘 이해했다!

그런데 웨브 부부는 주로 기존의 직업별 노동조합을 관찰했는데, 직업별 노동조합에서는 조합원 대비 상근 간부의 비율이 상당히 낮았다. [그 이후] 1890년대 신노동조합운동이 부상하고 1910~1914년에 노동자 대투쟁이 벌어져 조합원이 대폭 증가(1894년 153만 명에서 1914년 414만 5000명)했는데 상근 간부는 이보다 훨씬 높은 비율로 늘었다. 게다가 선출되던 직업별 노동조합의 간부와 달리 신노동조합의 간부는 흔히 임명됐다.

이때부터 새로운 사회계층, 즉 노동조합 관료는 계급투쟁에서 매우 결정적 구실을 했다. 1890년부터 1910년까지 [영국의 노동운동을] 연구한 밥 홀턴은 다음과 같이 썼다.

많은 사람들은 노동조합 간부가 공식 협상 기구에 포섭되면서 이들의 급진성이 누그러졌다고 생각했다. … 간부들은 전보다 높아진 협상력에 만족했고 갈수록 단체교섭을 중시하며 이를 위태롭게 만드는 직접행동을 꺼렸다. 이에 대한 현장 조합원들의 불만이 주기적으로 터져 나왔다. … 이런 불만 때문에 '비공인 파업'이 더 빈번하게 벌어졌다.[6]

이처럼 계급투쟁이 치열해지고 1914~1918년 제1차세계대전을 거치며 노동조합 관료들이 전쟁 기구에 사실상 '포섭'된 바로 이 시기에 영국 공산당 창당을 주도한 노동계급 투사들이 정치적으로 대거 형성됐다. 이들은 당시 투쟁에서 계급협조주의적 관료라는 문제를 회피할 수 없었다. 공산당 역사가 랠프 폭스는 다음과 같이 썼다.

1911~1914년에 벌어진 주요 파업은 거의 모두 노동자들이 자발적으로 벌인 비공인 행동으로 시작했고 관련 산업으로 빠르게 확산됐다. 그제야 개혁주의적 노동조합 관료들은 파업을 지지한다고 밝히며 개입했지만 언제나 자유당 정부의 '중재안'을 곧바로 수용해 파업을 절반쯤 패배하게 만들었다.[7]

"자발적" 행동이라는 잘못된 서술을 제외하면 폭스의 설명은 대체로 옳다(당시의 현장 조합원 투쟁은 대부분 정치의식이 높은 투사들이 이끌었다). 이때부터 지금까지 노동조합 관료를 상황에 영향을 미치는 뚜렷이 구별되는 요소로 고려하지 않은 채 계급 투쟁을 이해하려는 것은 어리석은 시도일 뿐이다.

물론 "개혁주의적 노동조합 관료"는 동질적 집단이 아니었고 지금도 그렇다. 예나 지금이나 좌파적 간부가 있는가 하면 우파적 간부도 있다. 그런데 노조 간부 내 좌우파가 있다는 사실이 왜 중요할까?

좌파 노조 간부와 전투적 현장 조합원

좌파 노동조합 지도자라는 존재는 대중에게 자극제인 동시에 진정제였다. 좌파 지도자는 대중의 좌파적 정서를 고무하며 대중을 결집했지만 [관료에 대한] 경각심을 누그러뜨리고 이들을 과도하게 신뢰하도록 만들기도 했다. 그래서 [1926년] 5월 12일 노총이 배신하자 현장의 노동자들은 어찌할 바를 모른 채 서로 바라봤고 좌파 지도자들의 이름을 하나하나 부르며 바로 이들에게 가장 큰 책임이 있다고 불평했다. … 분명하게 이해할 것은 총파업과 이 파업이 종료하는 과정에서 좌파는 우파와 그야말로 똑같이 행동했고 중앙집행위원회에서도 좌우파 지도자들은 일치단결했다는 점이다. 과거에는 노동조합 관료의 강력했던 영향력이 약해지거나 관료들 사이에 분열이 생기기도 했지만 이제 관료들은 (광원노조를 제외하면) 하나의 세력으로 뭉쳐 더 강력한 영향력을 행사했다. 이때부터 관료의 영향력은 혁명적 정책에 반대하는 방향으로 작용했다. (로버트 페이지 아넛, 《총파업》)

페이지 아넛은 1926년 총파업이 끝난 직후에 이 책을 썼다(이 책의 서문은 1926년 12월에 쓰였다). 아넛이 이 책을 쓴 이유 중 일부는 공산당의 기회주의적 정책, 즉 공산당이 총파업 이전에 '노총 좌파 지도자들'에 과도하게 의존한 것을 정당화하려는 것이었다. 그래서 "이때부터 관료의 영향력은 혁명적 정책에 반대하는 방향으로 작용했다"고 주장했다. 그러나 아넛은 "노동조합 관료"가 (허구가 아니라) 현실에 존재하고 이들이 "강력한 영향력"을 행사하고 독자적인 정치적 구실을 한다는 점은 의문의 여지가 없다고 생각했다. 총파업과 그 패배를 평가하는 데 핵심 요소인 관료의 존재를 총파업 직후 시점에 부정하는 것은 그야말로 어리석은 행동이었을 것이다.

흥미로운 사실은 아넛이 노총의 좌파 관료(퍼셀, 스웨일스, 힉스 등)가 1925~1926년에 한 구실을 "자극제인 동시에 진정제"라고 예리하고 정확하게 평가한다는 점이다. 실제로 퍼셀, 스웨일스 같은 좌파와 토머스, 퓨 같은 우파 사이에는 차이가 있었다. 좌파 관료는 계급투쟁의 언어로 말했고 좌파적 제스처를 취했다.[8] 이들은 공산당이 주도하는 소수파운동과 그 밖의 운동에 여러모로 동참할 의사가 있었다. 좌우파 관료 사이에는 실제로 차이가 있었다. 그뿐 아니라 이 둘은 실제 대립하기도 했다.

그리고 이 점은 아넛이 주장한 것처럼 분명 여러 부문의 노동자를 자극했고 소수파운동에도 도움이 됐다. 또 공산당이 훨씬 더 광범한 노동자들에게 선동할 수 있는 사회적 분위기를 만들기도 했다.

로버츠는 사회주의노동자당이 "[좌우파 관료 사이의 — 지은이] 실질적 차이를 부정하고, 좌파 노조 지도부가 내놓는 이상은 진정한 의도와 실천을 은폐하려는 것일 뿐 부질없는 좌파적 미사여구라고 깎아내린다"고 주장한다.[9]

이것은 사실이 아니다. 특정한 상황에서는 "좌파적 미사여구"가 중요한 영향을 미칠 수 있다. 그 말이 얼마나 진심 어린 것인지는 중요하지 않다. 관료 사이의 분열(노동조합 내 분열이든 노동조합 사이의 분열이든)은 실제로 보수적 영향력을 "약화시키거나 분열시킬" 수 있다. 혁명적 정당은 이런 분열을 활용할 줄 알아야 한다. 그래서 자신의 기반을 강화하고 현장 조합원의 주도력과 자신감을 높이고 투사들을 결집하고 그 수를 확대해야 한다.

그러나 좌파 노조 간부와 협력을 모색하고 우파에 맞서 그들을 지지하더라도 결코 좌파 간부에 **의존**해서는 안 된다. 혁명적 관점에서 봤을 때 이론적으로나 역사적 경험으로 보나 좌파 간부에 대한 의존(아넛의 표현으로는 "과도한 신뢰")은 완전한 재앙이다. 1926년 노총의 좌우파 지도자 사이에 실제로 차이가 있었지만 [이들의 공통점에 비하면] **부차적 차이일 뿐이었다.** 자본주의 국가와 정면 대결해야 하는 상황이 되자 좌파와 우파는 너 나 할 것 없이 굴복했고 '빨갱이'에게 비난을 퍼부었다. 또 최선을 다해 사용자와 국가에 협력했다.

이것은 그저 흘러간 옛이야기인가? 결코 그렇지 않다. 1926년은 노동조합 관료가 자본주의 국가로 통합되는 흐름을 만든 결정적 전환점 가운데 하나였다. 물론 이런 통합은 필연적으로 불완전하다. 우파 **관료를 포함해** 전체 노동조합 간부는 이중적 구실을 한다. 한편으로 국가에 통합되는 경향도 있지만 하나의 집단으로서 노조 간부는 모두 자신의 사회적 영향력·소득·출세의 원천인 노동조합, 즉 **노동계급 조직**을 유지하는 데 매우 중요한 이해관계가 있기 때문이다. 그리고 바로 이 점 때문에 특정 상황에서 혁명적 사회주의자와 노동조합 간부는 어느 정도 협력할 수 있다. 혁명적 사회주의자 역시 노동조합을 유지하는 데 중요한 이해관계가 있기 때문이다. 그러나 노동조합 관료가 때때로 혁명적 사회주의자와 협력한다고 해서 이들이 하나의 집단으로서 보수적 계층이라는 사실은 조금도 달라지지 않는다. 이들은 모두 말 그대로 관료다.

1927년부터 1960년대 말까지 노동조합이 호소한 공식 파업은 극도로 드물었다. 이 기간 벌어진 투쟁은 압도 다수가 비공인 행동이었다. 이 기간 노동조합 간부는 국가에 상당히 통합돼 있었다. 그러나 (윌슨이 이끈 노동당 정부가 1966년에 법으로 도입한) 소득정책의 영향 때문에 임금 인상을 요구하는 강력한 비공인 파업이 성장했다. 이 때문에 일부 노동조합 관료는 이런 파업을 통제하고자 전면에 나서기 시작했다. 비공인 파업으로 시작한 청소 노동자 파업이 좋은 예다. [청소 노동자들이 속한] 전국일반·지방자치단체노조의 데이비드 배스닛 등 관료들은 조합원들이 파업에 나서면 곧장 노동조합 파괴 행위라고 비난해 왔지만 필킹턴 파업(이 우파 관료들은 이때 사용자와 매우 긴밀하게 협력했다)* 이후 엄청난 압력을 받아 1920년대 이후 처음으로 조합원들의 [자생적] 파업에 제한적이나마 지지를 보내기 시작했다.

그즈음 노동당 정부는 노동조합 통제 법률을 추진하고자 《투쟁을 대신해》라는 백서를 발간했고 영국 노총은 이에 항의하고 있었다. 1970년에 집권한 보수당 히스 정부는 전례 없이 낮은 임금을 제시한 협약('전년 대비 1퍼센트 삭감')을 수용하라며 2년 동안 '정면 대결' 정책을 밀어붙였다. 이 때문에 갈수록 더 많은

---

* 1970년 유리 제조 회사인 필킹턴에서 낮은 임금에 항의해 벌어진 파업. 전국일반·지방자치단체노조 지도부가 파업 승인을 거부했는데도 노동자 8000명이 거의 두 달 동안 파업을 벌였다.

노동조합 관료들, 심지어 [우체국노조의] 톰 잭슨 같은 우파적 지도자도 마지못해 공식 파업에 나서야 했다(이들은 파업을 때로는 제대로, 때로는 엉뚱한 방향으로 이끌었다). 게다가 보수당이 노사관계법안을 추진하면서 영국 노총은 '비협조' 노선을 공식 채택했다.

그런데 노동조합 관료가 이렇게 대응하기까지의 과정은 순탄하지 않았고 노동조합 내에서 첨예한 논쟁이 벌어졌다. 이런 과정이 순탄하다고 [즉, 노동조합 관료는 다 똑같아서 이들 사이에는 갈등이 없다고] 가정하는 것은 그야말로 초좌파적 어리석음을 보여 주는 것이다. 영국 노총과 대다수 전국 단위 노동조합 지도부는 정도는 다르지만 좌경화했는데, 이것은 현장 조합원의 행동이 분출한 것과 더불어 상층 관료를 포함해 노동조합의 모든 층위에서 좌우파가 격렬한 논쟁을 벌인 결과였다. 이 두 요소는 긴밀히 연결돼 있었고, 사실 그럴 수밖에 없다. 좌파 지도자인 스캔런과 (스캔런보다 수위는 낮았지만) 존스도 우파 지도자 채플을 비판했다. 그러나 동시에 현장 조합원의 전투성을 제한하고 억제하고 통제하려 애쓰는 등 관료적 태도에서 벗어나지는 않았다.[10]

공산당도 이에 보조를 맞췄다. 좌파 관료를 두둔했고 특히 좌파 관료가 1973년 다시 우경화하기 시작했을 때도 그랬다. 얼마 후 노동당이 다시 집권했고 사회협약을 추진했다. 공산당은 노동당의 '좌파 경향'이 [사회협약을 지지하며] 우파의 품에 안기는 것을 지켜봤다. 그런데도 공산당은 좌파 노조 간부에 집착하며 어떻게든 모든 일이 잘 돌아가고 있는 척하려 했다. 1975년 10월까지도 《마르크시즘 투데이》는 (노총의 대의원대회에 대한 사설에서 기존의 견해를 고수하며) "좌파의 영향력이 커지고" 있고 중앙집행위원회 선거에서 "더 많은 좌파와 진보적 활동가가 당선"하고 있다고 주장했다![11] 객관적으로 따져 보면, 공산당은 우파에 맞선 투쟁을 가로막는 데 일조했다.

제프 로버츠는 이런 공산당의 태도를 정당화하고 있다. 그리고 이를 위해 '혁명적 정당'이라는 이론을 발전시켰는데, 로버츠가 말한 혁명적 정당은 사실 철저한 개혁주의 정당이다.

혁명적 정당의 구실은 무엇인가?

> 노동운동 안에 존재하는 개혁주의를 극복하기 위한 전략이 성공을 거두려면 그것이 사회 전반의 일반적 대항 헤게모니 전략의 핵심적 일부가 돼야 한다. 그러므로 개혁의 가능성이 사라졌다고 해서 개혁주의가 쇠퇴하리라 기대할 수 없다. (제프 로버츠, "현장 조합원 전략")

맙소사! 로버츠의 주장은 노동자들의 경험과 그들의 집단적 의식 사이에 아무 연관도 없다는 것이다. 다시 말해, 개혁을 실제로 성취할 수 있는지 여부와 "노동운동 안에 존재하는 개혁주의"가 상관이 없다. 노동자는 투쟁이나 경험에서 배우지 못한다. 노동자는 이른바 "일반적 대항 헤게모니 전략", 즉 "새로운 사회질서에 대한 합의를 이끌어 내기 위한 시민사회 영역의 헤게모니 투쟁"을[12] 통해서만 자본주의에 도전할 수 있다. 간단히 말해, 선전과 사상 설파를 통해서 노동자(와 모든 '반독점' 계급)을 설득해야 한다. 이것이 시사하는 바는 경험과 실천이 자본주의에 도전하는 의식의 형성과 아무 상관도 없다는 것이다. 정말로 그렇다면 사용자와 자본주의 국가의 권력을 무너뜨리려는 투쟁도 노동자들의 의식 변화에 영향을 주지 못할 것이다. 이것은 "새로운 사회질서에 대한 합의"를 어떻게 이끌어 낼 것인지에 대한 문제다!

쨌 알려져 있듯 마르크스의 생각은 이와 달랐다. 마르크스는 "의식이 사회적 존재를 결정하는 것이 아니라 사회적 존재가 사회적 의식을 결정한다"고 썼다. 의식 변화에 주로 영향을 미치는 것은 [물질적] 조건 변화와 실천인데, 실천은 조건 변화의 원인이자 결과다. 선전·논쟁·분석은 올바른 실천과 연결될 때만 의식 변화에 영향을 미친다. 개혁주의의 영향력과 개혁 성취 가능성이 아무 관계도 없다는 주장은 마르크스주의적 견해로 보면 정말 터무니없다. 정말로 이 둘 사이에 연관이 없다면 역사유물론은 쓸모없고 마르크스주의도 틀렸다.

　로버츠는 왜 이런 모순에 빠진 것일까? 공산당이 전투적 현장 조합원 운동 건설을 반대하다 보니 이를 정당화하기 위해 "혁명적 세력"(로버츠의 표현이다)의 임무를 오직 선전으로 국한하기 때문이다. 로버츠에 따르면 혁명적 세력의 임무는 노동계급 투쟁 속에서 영향력과 지도력을 쟁취하고자 노력하는 것이 아니라 사상 논쟁에서 승리해 "대중 의식을 변화시키는 것"이다. 그러나 의식과 실천은 상호의존관계에 있다. 마르크스는 "사람들의 대대적인 변화는 … 오직 실천적 운동 속에서만, 즉 **혁명** 속에서만 가능하다"고 썼는데 로버츠는 이를 미처 떠올리지 못했나 보다. 사실 '반독점 동맹', '좌파 경향 강화하기', '사회주의로 가는 의회적 길'에 대한 공산당의 신념을 고려하면 당연한 일이다.

　로버츠는 선전주의로 후퇴하는 것을 '좌파적'으로 포장한다. 그러면서 사회주의노동자당이 "경제주의"와 "자발성주의"를 수용하고 "교묘하게 이론을 경시"한다고 비판한다. 그는 "의미심장하게도 〈소셜리스트 워커〉에 매주 연재되는 칼럼 '우리의 견해'를 봐서는 국제사회주의자들이 마르크스주의 이론에 기반한 조직이라고 전혀 추정할 수 없다"고 주장했다![13]

　그러나 로버츠가 노동조합 간부의 구실을 검토할 때는 사상의 구실에 대한 이런 과도한 강조가 어디론가 완전히 사라진다. 이때는 온통 "사회적 환경과 제도적 위치" 이야기뿐이다. 노동조합 간부는 객관적 환경의 포로다. 간부 개인의 신념은(어쩌면 소속 정당도) [그의 실천에] 아무 영향도 주지 않는다. 그의 사상이 어떤지는 중요하지 않다. 그러면서 로버츠는 홉스봄을 인용한다. "매우 뛰어난 혁명가도 개혁을 위한 전투를 할 때는 지형의 특성을 고려해, 즉 자본주의 경제와 자본주의 국가 안에서 '현실적'으로 계산하며 싸워야 한다. 말하자면, 타협하고 동맹을 만드는 등 대체로 개혁주의자처럼 행동해야 한다."[14]

물론 타협 자체가 개혁주의자 같은 행동은 아니다. 혁명가들도 언제나 타협해야 한다는 압력을 받는다. 그렇다면 홉스봄과 로버츠는 무엇을 주장하려는 것일까? 핵심은 "매우 뛰어난 혁명가도 … 개혁주의자처럼 행동"해야 하기 때문에 노동조합 간부가 개혁주의자인지 혁명가인지는 중요하지 않다는 것이다. 그렇다면 공산당은 왜 노동조합 기구에 출마하는 것일까 하는 합리적 의문이 생긴다. 공산당이 개혁주의 조직이기 때문일까?

그 답이 뭐가 됐든 홉스봄의 주장에는 일부 타당한 측면이 있다. 즉, 좌파 노조 간부가 관료 집단의 규범에 순응하라는 압력을 엄청나게 받는다는 것이다. 바로 이 때문에 좌파 간부에게 의존할 수 없는 것이고, 바로 이 이유 때문에 강력한 현장 조합원 운동이 그토록 중요한 것이다.

당연히 제프 로버츠는 이 같은 결론을 내리지 않을 것이다. 로버츠는 조합원들이 충분히 '선진적'이지 않은 것이 문제고 "싱황의 논리", 즉 "자본주의 사회에서 노동조합이 그 본성상 모순적이고 양면적인 구실"을 하는 것이 문제라고 주장한다.[15] 그러나 이런 논리로 '좌파 경향'에 면죄부를 줄 수 있다면 왜 같은 논리로 [우파 지도자인] 프랭크 채플이나 앨프리드 앨런 경은 용서할 수 없을까? 로버츠는 이 물음에 답해야 한다.

로버츠는 [혁명적 정당의 구실을 말할 때는] "의식을 변화시키는 것"이 중요하다며 사상의 우위를 강조하다가 [좌파 노조 관료를 방어할 때는] 객관적 조건에서 비롯한 불가피성("상황의 논리")을 주장하더니 [노동조합의 좌우파 관료를 구분할 때는] 다시 사상의 우위로 돌아간다! 그러면서 사회주의노동자당의 가장 해악적 오류는 노동자주의라고 지적한다. "**노동자주의는 현장 조합원 전략, 자발성주의, 경제환원론의 자연스러운 귀결이다. … 어떤 조직의 정치적 실천을 결정하는 주된 요소는 그 조직의 사회적 구성이 아니라 강령이다.**"[16] 로버츠는 의식이 사회적 존재를 결정한다고 주장하고 있는 것이다!

사회주의노동자당이 생각하는 혁명적 정당의 구실은 이와 다르다. 우리는 레닌과 지노비예프가 작성하고 공산주의인터내셔널[코민테른] 2차 대회에서 만장일치로 통과된 결의문을 지지한다. "노동계급 내 진정으로 단호한 소수파, 즉 행동하기를 원하고 강령이 있고 대중투쟁을 조직하려 애쓰는 공산주의적 소수파가 바로 공산당이다."[17]

이런 혁명적 정당은 모든 직종의 작업장에서 그리고 노동조합에서 현장 조합원 운동을 지지하고 발전시키는 것을 "대중투쟁을 조직"하기 위한 당연하고 필수적인 수단으로 여긴다. 영국 공산당도 애초에는 이런 종류의 정당, 즉 "새로운 유형의 정당"을 만들고자 했다. 그래서 다음과 같은 코민테른 결의안을 지지했다. "공산당의 조직적 토대는 작업장의 당 분회다. ⋯ 공산당은 정치적 조직 활동의 무게중심을 작업장 분회로 옮겨야 한다. 공산당의 작업장 분회는 노동계급 대중의 일상적 투쟁에 앞장서면서 이 투쟁이 프롤레타리아 독재를 위한 투쟁으로 나아갈 수 있도록 지도해야 한다."[18]

오늘날의 영국 공산당은 더는 투쟁 속에서 지도하지 않는데, 이것은 공산당이 투쟁의 목표, 즉 노동자 권력을 폐기했기 때문이다. 그래서 로버츠는 [사회주의노동자당을] "노동자주의"라고 낙인찍고 "작업장을 노동계급 투쟁의 장이라고 지나치고 과도하게 강조"한다고[19] 비난한다. 그리고 노동자 권력을 폐기했기 때문에 공산당은 계급투쟁에 기대지 않고 시종일관 좌파 노조 간부와 온갖 종류의 "진보적 세력"에 의존한다.

마지막 논점으로 넘어가겠다. 로버츠는 '일할 권리를 위한 투쟁'을 "고전적 유형의 '외피' 조직"이라고 부른다. 로버츠가 말하는 "고전적 유형"은 아마 공산당이 발전시킨 개념, 즉 '외피'가 명시적으로 내세운 것과 상당히 다른 목표를 위해 '순진한' 대중을 조종하고 이용하는 수단이라는 의미일 것이다. 이런 비난은 번 지수를 완전히 잘못 찾은 것이다. '일할 권리를 위한 투쟁'의 목표는 명시한 그대로다. 어쨌든 사회주의노동자당이 주도적 구실을 하고 있지 않은가? 정말 그렇다. 그럴 수 있었던 이유 하나는 공산당이 일할 권리를 위한 운동을 진지하게 건설할 의사가 없었기 때문이다. 공산당이 이 운동에 뛰어들었다면 운동의 규모가 지금보다 훨씬 컸을 것이고 사회주의노동자당의 지위는 상대적으로 낮아졌을 것이다.

로버츠는 자신의 주장을 공산당의 실천에 적용해 봐야 하지 않을까? 일할 권리를 위해 함께 투쟁하는 것은 "운동의 이익에 부합한다면 협력"해야 하는 사례가 아닐까? 사회주의노동자당은 일할 권리를 위한 운동에서, 사회협약에 반대하는 투쟁에서, 공공서비스 삭감에 맞선 투쟁에서 단결을 추구한다. 사회주의노동자당은 분열주의자가 아니다.

후주

1장 노동조합 속의 사회주의자들

1. 노동조합은 이제 쓸모없는가?

1   R Taylor, *The Future of the Unions* (London 1994), p 1에서 인용.

2   D Bird and L Corcoran, 'Trade Union Membership and Density 1992-93', *Employment Gazette*, June 1994, Tables 6 and 7. 'Lies, Damned Lies and Union Density', *Labour Research* June 1994도 참조.

3   'Collective Bargaining: Has it a Future?' *IDS Focus* 62, 1992 pp 5~6.

4   'Why White Collar Staff Join Trade Unions', *IRS Employment Trends* 565, August 1994.

5   Bird and Corcoran, 'Trade Union Membership', Table 7.

6   *1994 Survey of Industrial Action Trends*, Employment Law Department, Dibb Lupton Broomhead solicitors, London.

2. 자본주의, 노동조합, 노동조합 지도자

1   L D Trotsky, *The Struggle Against Fascism in Germany* (New York

1971), p 158.

2   S and B Webb, *The History of Trade Unionism 1666-1920* (Edinburgh 1919), p 204[국역: 《영국노동조합운동사 상·하》, 형성사, 1990].

3   R Michels, *Political Parties* (Glencoe IL 1949), p 19.

4   J Hinton and R Hyman, *Trade Unions and Revolution* (London 1975), pp 18ff 참조.

5   전시의 노동운동 변화를 보려면 P Addison, *The Road to 1945* (London 1977) 참조.

6   *Rosa Luxemburg Speaks* (New York 1970), pp 214~217.

7   노동조합 관료주의에 대한 마르크스주의 이론과 언뜻 밀접해 보이는 노동귀족론을 혼동하지 말아야 한다. 노동귀족은 19세기 중반 영국의 사회주의자들이 당시 노동조합으로 조직된 상대적으로 소수의 고임금 숙련 노동자를 일컬어 쓴 용어다. 저임금을 받는 대다수 미숙련·미조직 노동자(여성과 아일랜드에서 온 이주 노동자가 많았다)에 비해 이 숙련 노동자들은 확실히 특권을 누리는 듯 보였다. 레닌은 제1차세계대전 동안 이 개념을 훨씬 광범하게 사용했다. 레닌은 유럽의 노동운동이 전쟁에 반대하지 않은 것은 중요한 노동자 집단[숙련 조직 노동자]이 자본가가 식민지의 노동자와 농민을 착취해서 얻은 '초과이윤'에 사실상 매수됐기 때문이라고 주장했다. 아주 간단한 경제 개념만 살펴봐도 이 이론은 틀렸는데, 서유럽의 특정 노동자 집단이 다른 노동자 집단에 비해 제국주의로부터 특혜를 받는다고 보기는 매우 어렵기 때문이다. 게다가 19세기 노동귀족의 핵심이라고 여겨진 집단은 숙련 금속 노동자들이었는데, 이들은 제1차세계대전이 끝날 때쯤 대륙을 뒤흔든 유럽 노동계급의 거대한 혁명적 반란(페트로그라드, 모스크바, 베를린, 토리노, 셰필드, 글래스고 등에서)의 선두에 있었다. 전통적으로 임금이 높고 잘 조직된 이 노동자들은 자본주의가 평화적으로 확장하던 시기에 쟁취한 임금과 노동조건이 공격받았기 때문에 가장 앞장서서 싸웠다. 투쟁을 거치며 현장 조합원들의 전투성과 관료들의 보수주의가 극명하게 차이를 드러냈다. 금속노동자연합 같은 시대에 뒤처진 직업별 노동조합 안에서조차 말이다. T Cliff, 'The Economic

Roots of Reformism', *Neither Washington nor Moscow* (London, 1982)[1부 국역: "개혁주의의 경제적 뿌리", 《마르크스 21》 15호]와 T Cliff and D Gluckstein, *Marxism and the Trade Union Struggle* (London, 1986)[1부 국역: 《마르크스주의와 노동조합 투쟁》, 책갈피, 2014], ch 3 참조.

8   J Kelly and E Heery, *Working for the Union* (Cambridge, 1994), p 65.

9   *Financial Times*, 17 September, 1994.

10   J Baskin, *Striking Back* (Johannesburg 1991), p 461.

11   Kelly and Heery, *Working*, pp 85~86.

12   *Rosa Luxemburg Speaks* 참조.

13   'Management and Law', *IDS Focus* 62, March 1992, p 5.

14   A Callinicos and M Simons, *The Great Strike* (London 1985) 참조.

15   M Simons , 'A Battle Undermined', *Socialist Review*, December 1993과 A Scargill, 'History Distorted', 같은 책, February 1994 참조.

16   T Cliff and D Gluckstein, *The Labour Party: A Marxist History* (London 1988)[국역: 《마르크스주의에서 본 영국 노동당의 역사》, 책갈피, 2008] 참조.

17   T Cliff, 'On perspectives', *International Socialism* 35 (1969).

18   C Rosenburg, *1919* (London 1987) 참조.

19   A Bevan, *In Place of Fear* (London 1952), pp 20~21.

20   Cliff and Gluckstein, *Marxism and the Trade Union Struggle*, p 181에서 인용.

3. 현장 조합원 운동

1   J Hinton, *The First Shop Stewards Movement* (London 1973), p 80.

2   *Leon Trotsky on China* (New York 1976), pp 319~320.

3   A Gramsci, *Selections from the Political Writings 1910~1920* (London 1977), pp 65, 66.

4   1910년대와 1920년대 계급투쟁에 대한 깊이 있는 분석은 T Cliff and D Gluckstein, *Marxism and the Trade Unions Struggle* (London , 1986)와 M Woodhouse and B Pearce, *Essays in the History of Communism in Britain* (London, 1975)에 실려 있다.

5   R Holton, *British Syndicalism 1900~1914* (London 1976), p 73.

6   같은 책, pp 73, 99~100.

7   Hinton, *First Shop Stewards Movement* 참조.

8   같은 책, p 296.

9   같은 책 p 308에서 인용.

10   J Degras, ed, *The Communist International 1919~1943 Documents* (3 volumes, London 1956), vol 1, p 248.

11   J Hinton and R Hyman, *Trade Unions and Revolution*, pp 14~15.

12   같은 책 p 14에서 인용.

13   R Martin *Communism and the British Trade Unions 1924~33* (Oxford 1969), p 28에서 인용.

14   Woodhouse and Pearce, *Essays*, p 82에서 인용.

15   Cliff and Gluckstein, *Marxism and the Trade Union Struggle*, p 115에서 인용.

16   같은 책 p 117에서 인용. 클리프와 글룩스타인은 좌파 지도자에 대한 소수파운동의 태도를 상세히 다룬다.

17   같은 책 p 129에서 인용. 1926년 총파업에 대한 설명은 같은 책 2부와 3부 참조.

18   Hinton and Hyman, *Trade Unions*, p 34에서 인용.

19   Cliff and Gluckstein, *Marxism and the Trade Union Struggle*, pp 246~247에서 인용.

20 R Hyman, *Strikes*, pp 26~27.

21 B W E Alford, *Depression or Recovery?* (London 1972) 참조.

22 R Croucher, *Engineers at War* (London 1982), p 25.

23 같은 책, pp 28~29.

24 같은 책, pp 45, 47.

25 같은 책, p 40.

26 같은 책, pp 40~41, 112~113.

27 B Darke, *The Communist Technique in Britain* (London 1953), pp 36, 38.

28 같은 책, pp 20~21.

29 Croucher, *Engineers*, chs 3, 4, 6.

4. 최근의 상승기: 1960년대와 1970년대 초

1 R Hyman, *Strikes*, p 45.

2 T Cliff and C Barker, *Incomes Policy, Legislation and Shop Stewards* (London 1966), pp 105, 135 참조.

3 C Harman, *The Fire Last TIme* (London 1988)[국역: 《세계를 뒤흔든 1968》, 책갈피, 2004], ch 12 참조.

4 C Harman, *Explaining the Crisis* (London 1984)[국역: 《마르크스주의와 공황론》, 풀무질, 1995] 참조.

5 R Harrison, editor's introduction to *The Independent Collier* (Hassocks 1978), pp 2, 1.

6 M Crick, *Scargill and the Miners* (Harmondsworth 1985).

7 A Scargill, 'The New Unionism', *New Left Review* 92 (1975), pp 18~19.

8 R Maudling, *Memoirs* (London 1978), pp 160~161.

9　D Hurd, *An End to Promises* (London 1979), p 103.

10　A Barnett, 'Class Struggle and the Heath Government', *New Left Review* 77 (1973), p 14에서 인용.

11　T Benn, *Against the Tide* (London 1990), pp 70, 76.

12　맨체스터 범좌파 연합과 관련해서는 J Tocher, 'The Desire for Change', *Socialist Review,* September 1978 참조.

5. 1974~1989년의 패배기

1　T Cliff, 'The Balance of Class Forces in Britain Today', *International Socialism* 2:6, 1979 참조.

2　D Lyddon, 'Leyland, Shop Stewards and Participations', *International Socialism* 102, October 1977 참조.

3　T Cliff, 'Where do we go from here?', *Socialist Review* 1, April 1978.

4　대처 집권 초기의 계급투쟁에 대한 분석은 C Harman, '1984 and the shape of things to come', *International Socialism* 2:29, 1985 참조.

5　A Callinicos and M Simons, *The Great Strike* 참조.

6　T Cliff, 'Patterns of Mass Strikes', *International Socialism* 2:29 (1985), p 50.

6. 오늘날의 과제

1　A Callinicos, 'Crisis and Class Struggle in Europe Today', *International Socialism* 62 (1994).

2　E Rose and T Wooley, 'Shifting Sands? Trade Unions and

Productivity at Rover Cars', *Industrial Relations Journal* 23 (1992).

3   R Croucher, *Engineers at War* (London 1982), p 33. 같은 책 pp 32~36도 참조.

4   F Dobbs, *Teamster Rebellion* (New York 1972).

5   더 자세한 내용은 A Callinicos, 'The Rank and File Movement Today', *International Socialism* 2:17 (1982), pp 22~25 참조.

6   *Financial Times*, 30 September, 1994.

7   T Cliff, 'Patterns of Mass Strikes', *International Socialism* 2:29 (1985) 참조.

8   A Callinicos and M Simons, *The Great Strike*, ch 5 참조.

2장 현장 조합원과 노동조합 관료

1   Darlington and Upchurch, 2012; Darlington, 2014.

2   Mills, 1948, p 9.

3   Luxemburg, 1986, pp 87~88.

4   Kelly, 1988, p 151.

5   Michels, 1962.

6   Hyman, 2003, p 189.

7   Kelly, 1988, p 160.

8   Anderson, 1967, p 277; Draper, 1970.

9   Cliff and Gluckstein, 1986, pp 27~28.

10   Heery and Fosh, 1990.

11   Callinicos, 2014.

12   Harrison, 1965, p 42.

13   Askwith, 1974, p 177.

14 Holton, 1976; Darlington, 2013.

15 1970년대의 경험은 Callinicos, 1982를 참조.

16 Darlington, 2010, pp 5~6.

17 Meadway, 2013.

18 DBIS, 2011.

19 TUC, 2009.

20 Brody, 1981, p 35.

21 Lenin, 1971, p 295.

22 Communist International, 1977, pp 279~280.

23 대조적 관점은 Molyneux, 2012; Bergfeld, 2013; Nichol, 2013을 참조.

24 Sherry, 2011; Woodhouse, 1966; Kimber, 2012.

25 Sherry, 2011에서 인용.

26 Cliff and Gluckstein, 1986, pp 116~117.

27 McIlroy and Campbell, 1999.

28 Darlington and Lyddon, 2001, p 115.

29 Renton, 2013.

30 Nelson, 2013, p 5.

31 Vernell, 2013.

32 Kimber and Callinicos, 2013.

33 좌파 개혁주의자들과의 정치적 공동전선에 관한 비슷한 논의는 Blackledge, 2013; 2014를 참조.

34 Cliff and Gluckstein, 1986, pp 31~32.

3장 공산당, 사회주의노동자당, 현장 조합원 운동

1 *Sunday Times,* 2 January 1977.

2   G Roberts, "The strategy of Rank and Filism" *Marxism Today*, December 1976, p 379.

3   G Roberts, p 379.

4   S & B Webb, *The History of Trade Unionism* (1920), p 204.

5   같은 책 pp 469~470.

6   B Holton, *British Syndicalism 1900-1914* (London 1976), p 33.

7   R Fox, *The Class Struggle in Britain 1880-1914, Communism in Britain* (London 1976), p 111에 재수록된 Brian Pearce "Some Past Rank and File Movements"에서 인용. 이 글은 매우 유용하다.

8   1926년 총파업으로 나아가는 과정을 다룬 글이 많으니 읽어 보라. Duncan Hallas, "The Communist Party and the General Strike" *International Socialism* 88에도 간략한 내용이 있다.

9   G Roberts, p 379.

10   J Deason, "The Broad Left in the AUEW", *International Socialism* 79 참고.

11   *Marxism Today, October 1975*, p 289.

12   G Roberts, p 378.

13   G Roberts, p 381.

14   G Roberts, p 377.

15   G Roberts, p 377.

16   G Roberts, p 382.

17   J Degras, *The Communist International 1919-1943*, vol 1, p 131.

18   J Degras, vol 2 pp 80~81.

19   G Roberts, p 382.

참고 문헌

2장 현장 조합원과 노동조합 관료

Anderson, Perry, 1967, "The Limits and Possibilities of Trade Union Action", in Robin Blackburn and Alexander Cockburn(eds), *The Incompatibles:* Trade Union Militancy and the Consensus(Penguin).

Askwith, 1974, George, *Industrial Problems and Dispute*(Harvester Press: first published 1920).

Bergfeld, Mark, 2013, "New Struggles, New Unions? On the Pop-Up Union at Sussex University", *Ceasefire*(18 April), http://tinyurl.com/nuqg4xt

Blackledge, Paul, 2013, "Left Reformism, the State and the Problem of Socialist Politics Today", *International Socialism* 139(summer), www.isj.org.uk/?id=903 [국역: "좌파적 개혁주의, 국가, 그리고 오늘날 사회주의 정치의 문제", 《자본주의 국가: 마르크스주의의 관점》, 책갈피, 2015].

Blackledge, Paul, 2014, "Once More on Left Reformism : Reply to Ed Rooksby", *International Socialism* 141(winter), www.isj.org.uk/?id=953

Brody, David, 1981, *Workers in Industrial America:* Essays on the Twentieth Century *Struggle*(Oxford University Press).

Callinicos, Alex, 1982, "The Rank-and-File Movement Today", *International Socialism* 17(autumn), www.marxists.org/history/etol/writers/callinicos/1982/xx/rfmvmt.html [국역: "오늘날의 평조합원 운동", 《노동조합 속의 사회주의자들》, 풀무질, 1996].

Callinicos, Alex, 2014, "The Left after Grangemouth", *International Socialism* 141(winter), www.isj.org.uk/?id=948

Cliff, Tony, and Donny Gluckstein, 1986, *Marxism and Trade Union Struggle: The General Strike of 1926*(Bookmarks)[1부 국역: 《마르크스주의와 노동조합 투쟁》, 책갈피, 2014].

Darlington, Ralph, 2010, "The State of Workplace Union Reps Organisation in Britain Today", *Capital and Class*, volume 34, number 1.

Darlington, Ralph, 2013, *Radical Unionism:* The Rise and Fall of Revolutionary Syndicalism(Haymarket)[국역: 《사회변혁적 노동조합운동: 20세기 초 유럽과 미국의 신디컬리즘》, 책갈피, 2015].

Darlington, Ralph, 2014, "The Role of Trade Unions in Building Resistance: Theoretical, Historical and Comparative Perspectives", in Maurizio Atzeni(ed), *Workers and Labour in a Globalised Capitalism*(Palgrave Macmillan).

Darlington, Ralph and Dave Lyddon, 2001, *Glorious Summer:* Class Struggle in Britain 1972(Bookmarks).

Darlington, Ralph, and Martin Upchurch, 2012, "A Reappraisal of the Rank-and-File/Bureaucracy Debate", *Capital and Class*, volume 36, number 1.

Department for Business, Innovation and Skills, 2011, "Workplace Employment Relations Survey"(23 January), http://tinyurl.com/pvetu9z

Draper, Hal, 1970, "Marxism and the Trade Unions: Part 1", www.marxists.org/archive/draper/1970/tus/1-marx-tus.htm

Harrison, Royden, 1965, *Before the Socialists:* Studies in Labour and Politics, 1861–1881(Routledge).

Heery, Ed, and Patricia Fosh, 1990, "Introduction: Whose Union? Power and Bureaucracy in the Labour Movement", in Patricia Fosh and Ed Heery(eds), *Trade Unions and the Their Members:* Studies in Union Democracy and Organisation(Macmillan).

Holton, Bob, 1976, *British Syndicalism 1900–1914*(Pluto Press).

Hyman, Richard, 2003, Book Review of Ralph Darlington and Dave Lyddon, "Glorious Summer: Class Struggle in Britain, 1972", *International Labor and Working Class History* 64.

Kelly, John, 1988, *Trade Unions and Socialist Politics*(Verso).

Kimber, Charlie, 2012, "The Rebirth of Our Power? After the 30 November Mass Strike", *International Socialism* 133(winter), www.isj.org.uk/?id=774

Kimber, Charlie, and Alex Callinicos, 2013, "The Politics of the SWP Crisis", *International Socialism* 140(winter), www.isj.org.uk/?id=915

Lenin, V I, 1971, "'Left-Wing' Communism: An Infantile Disorder", *Selected Works:* Volume 3(Progress), www.marxists.org/archive/lenin/works/1920/lwc/[국역: 《공산주의에서의 "좌익" 소아병》, 돌베개, 1989]

Luxemburg, Rosa, 1986[1906], *The Mass Strike,* the Political Party and the Trade Unions(Bookmarks)[국역: 《대중파업론》, 풀무질, 1995].

McIlroy, John, and Alan Campbell, 1999, "Organising the Militants: The Liaison Committee for the Defence of Trade Unions, 1966-1979", *British Journal of Industrial Relations,* volume 37, number 1.

Meadway, James, 2013, "Neoliberalism, the Grassroots and the People's Assembly", *Counterfire*(6 August), http://tinyurl.com/oxhsd6k

Michels, Robert, 1962[1915], *Political Parties:* A Sociological Study of the Oligarchical Tendencies of Modern Democracy(Collier Books)[국역: 《정당론》, 한길사, 2015].

Mills, C Wright, 1948, *The New Men of Power:* America's Labor *Leaders*(Harcourt Brace).

Molyneux, John, 2012, "Marxism and the Trade Unions", *Irish Marxist Review* 1, http://johnmolyneux.blogspot.co.uk/2012/04/marxism-and-trade-unionism.html[국역: "마르크스주의와 노동조합운동", 《마르크스주의와 노동조합 투쟁》, 책갈피, 2014]

Nelson, Tim, 2013, "Rank-and-File Strategy", IS Network, Conference Bulletin(1 October), http://tinyurl.com/ot99bkz

Nichol, Sandy, 2013, "Are 'Pop-Up' Unions the Way Forward?", *Socialist Review*(June), www.socialistreview.org.uk/article.php?articlenumber=12321

Renton, Dave, 2013, "Reflections on an Industrial Perspective", *lives: running*(November), http://livesrunning.wordpress.com/2013/10/29/reflections-on-an-industrial-perspective/

Second Congress of the Communist International: Minutes of the Proceedings: Volume 2, 1977(New Park).

Sherry, Dave, 2011, "The Minority Movement", *Socialist Review*(July/August), www.socialistreview.org.uk/article.php?articlenumber=11720

TUC, 2009, "Unions in the Community: A Survey of Union Reps"(May), www.tuc.org.uk/sites/default/files/extras/unionsinthecommunity.pdf

Vernell, Sean, 2013, "The Working Class, Trade Unions and the Left: Contours of Resistance", *International Socialism* 140(autumn), www.isj.org.uk/?id=930

Woodhouse, Mike, 1966, "Syndicalism, Communism and the Trade Unions in Britain, 1910-1926", *Marxist*, volume 4, number 3, www.whatnextjournal.org.uk/Pages/History/Syndicalism.html